BUILDING DREAM FOR COUNTRYSIDE

RECORD OF THE TENTH ANNIVERSARY OF RURAL CONSTRUCTION, TONGJI-HUANGYAN

# 乡村筑梦

## 同济·黄岩乡建十年图记

杨贵庆　著

同济大学出版社·上海

## 内容提要

本书较为全面地呈现了同济大学黄岩美丽乡村规划教学实践团队师生自2013年至2022年十年间深度参与地方乡村建设的历程。书中精选了图片400张，分为：回首十载、产业振兴、人才振兴、文化振兴、生态振兴、组织振兴和乡建启示7个篇章，详细记录了图片的相关信息及其内涵和意义。中央电视台《新闻调查》栏目曾于2018年以"教授下乡"为题对这一校地合作乡村振兴做过深度报道，引起社会各界关注，至今又历数年。本书通过编绘这一幅历经十载的时光画卷，注记一段同济·黄岩校地合作实施乡村振兴战略的时代切片。

本书以"专题分类+时间顺序"的结构，采用针对图片记述和说明的方式，视角新颖，信息量大，图文并茂，是系统了解同济大学黄岩美丽乡村规划教学实践团队在地方开展美丽乡村建设、实施乡村振兴战略的一个独特窗口。本书适合大专院校城乡规划、建筑学、风景园林、设计学、社会学、管理学等相关专业的教师、研究生、本科生阅读参考，同时可供乡村规划设计从业人员，以及对我国乡村振兴领域感兴趣、对黄岩乡村发展关心的各方人士阅读参考。

**图书在版编目（CIP）数据**

乡村筑梦：同济黄岩乡建十年图记 / 杨贵庆著. -- 上海：同济大学出版社，2022.9

ISBN 978-7-5765-0368-5

Ⅰ. ①乡… Ⅱ. ①杨… Ⅲ. ①农村—社会主义建设—案例—黄岩区 Ⅳ. ① F327.555

中国版本图书馆 CIP 数据核字（2022）第159490号

**乡村筑梦**——同济·黄岩乡建十年图记

杨贵庆　著

责任编辑　荆　华　　封面设计　杨贵庆　夏小懿　　责任校对　徐春莲

出版发行　同济大学出版社 www.tongjipress.com.cn

（地址：上海市四平路1239号　邮编：200092　电话：021-65985622）

经　　销　全国各地新华书店

印　　刷　上海雅昌艺术印刷有限公司

开　　本　787mm×1092mm　1/12

印　　张　32

字　　数　806 000

版　　次　2022年9月第1版

印　　次　2022年9月第1次印刷

书　　号　ISBN 978-7-5765-0368-5

定　　价　288.00元

# 序一

**方守恩**

同济大学党委书记

同济大学教授、博士生导师，新农村发展研究院院长

从中华民族伟大复兴战略全局看，民族要复兴，乡村必振兴。习近平总书记高度重视乡村振兴，他强调："实施乡村振兴战略，是党的十九大作出的重大决策部署，是新时代做好'三农'工作的总抓手。"

同济大学于2013年成立同济大学新农村发展研究院，围绕扶贫攻坚、乡村振兴，积极探索农业农村科教相结合、多学科协同的综合服务模式，持续培养乡村振兴高层次人才。学校从宏观战略、农村政策和经济、设施农业、乡村规划与建筑、生态环境、能源利用、传统村落保护发展、防灾减灾等方面，大力推进农业农村科技创新与推广服务，开展卓有成效的研究和实践工作。我校建筑与城市规划学院陈秉钊教授指导、杨贵庆教授等率领的师生团队在浙江省台州市黄岩区开展的乡村规划实践，就是其中的优秀成果。

在浙江省台州市委市政府、黄岩区委区政府的大力支持下，2013年1月，同济大学在黄岩区设立"美丽乡村"教学实践基地，持续开展乡村规划建设实践。2018年2月，同济大学在黄岩设立全国第一所乡村振兴学院，通过校地合作开展新时代乡村振兴与新型城镇化方面的探索与研究，以具体行动践行"与祖国同行、以科教济世"的同济精神，提升乡村干部的治理能力和生态文明意识，推动乡村社会治理和生态环境全面进步，进一步丰富乡村振兴的理论内涵和实践路径。

本书可以说是同济专业团队十年乡村振兴探索和实践的经验总结，也是校地密切合作的共同成果。希望校地双方在现有基础上，进

一步拓宽合作领域，深化合作内涵，提高合作水平，勇立潮头、主动作为，为新时代实施乡村振兴战略提供理论支撑、智力支持和更多的鲜活案例，全力推进黄岩经济社会高质量发展，在新发展阶段谱写新的篇章。

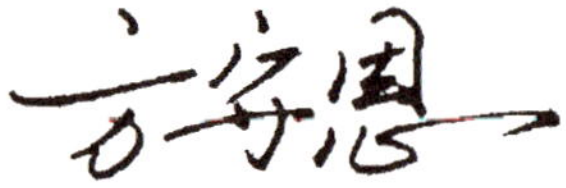

2022 年 8 月 28 日

# 序二

**石楠**

中国城市规划学会常务副理事长兼秘书长

沙滩村，中国千万个平淡无奇的村庄之一；屿头乡，浙江偏僻山区名不见经传的农村聚落，因为一项国家战略，因为一位大学教授的努力，成为不少城市居民的网红打卡地、媒体热捧的典型和榜样，也成为专家学者们探究的样本、模式。这一切的背后，都与本书作者杨贵庆相关。

因为从事中国城市规划学会工作的原因，我与同济大学建筑城规学院的很多老师有很多联系，与杨贵庆教授的深入接触始于2010年，我俩碰巧都参加了在巴西里约举办的第五届世界城市论坛，横跨了大半个地球，在一起有了几天的“共同生活”。后来在学会山地城镇规划建设学术委员会的学术交流平台上，以及学会承办的中国科协第五届山地城镇可持续发展专家论坛和首届国际绿点大赛等专业活动中，我对同济规划建筑名门的这位“布袋教授”逐步加深了了解。正是由于杨贵庆教授对待专业的认真态度和执着精神,起步于屿头乡沙滩村，随后拓展到黄岩区的其他镇村的规划专业实践，才助推了“美丽乡村”这个时代梦想，在浙江台州黄岩一步步实现，形成具有代表性的时代样本，成为本书选题的对象。

过去十年时间里，杨贵庆教授多次往返于上海与黄岩之间，在沙滩村这样的村子里，他与当地镇乡领导，与一家一户的村民一起，以他的专业知识和技能，分析乡村发展的条件和困难，挖掘当地的历史文化资源，大家共同动手整治村庄环境，谋划村庄未来。他长期坚守的背后，是对于城乡规划专业的挚爱和踏踏实实的奉献精神。加上当地政府和村民的持续投入，把握住了村民对美好生活的追求，充分利用美丽乡村的政策红利，让沙滩村、乌岩头等一批村庄的产业得到发展，村容村貌显著改善，走上富裕、文明、宜居的农业农村现代化路子。昔日普普通通的小山村，在全面小康的今天，彰显出巨大的价值，政府、村民、学者共同演绎了天时地利人和的乡村振兴篇章。

杨贵庆教授的这本书，以自己专业实践的亲身经历，详细讲述了规划师参与乡村规划建设事业的故事，以影像的手法，客观反映城乡规划专业的知识和技能，服务于美丽乡村建设和乡村振兴战略所取得的成效。浏览书稿有几点心得，借此分享给读者。

首先，乡村规划建设是一个规划师大有可为的领域。乡村作为基本人居形态，在城镇化、现代化进程中，正从相对弱势的地位，进入舞台中央。这不仅因为国家政策的适时调整，更源于城乡居民对于全新生产生活方式的追求，以及由此产生的对乡村价值的重新认知。乡村规划建设的理论与实践，自然而然成为规划行业关注的热点、焦点，同时也是难点问题，传统的远景蓝图式规划、规划建设两层皮等城市规划中的弊端，在乡村现实面前十分不合时宜，如何探求适应乡村特点的理论、方法和工作模式，成为城乡规划学必须尽快补齐的短板，需要规划行业的倾情投入和持续努力。

其次，乡村问题的复杂性应该引起规划师的足够重视。麻雀虽小，五脏俱全，乡村地区生产、生活和生态空间融合。生活方式上更具自然、历史与文化交融的优势，而乡村的功能、形式与规则的相对模糊，与以规则、效率为特征的城市截然不同，乡村也因此更具独特魅力和技术挑战。就一时一地的某个村庄而言，又无不具有独一无二的特色、价值和诉求。这些都决定乡村规划建设需要更多的沉浸体验和绣花功夫，来不得半点简单粗暴一刀切。实现产业兴旺、生态宜居、乡风文明、治理有效和生活富裕的乡村振兴目标，亟须规划师拓宽视野、转变思路，打破教条主义、形式主义、官僚主义的条条框框，本着持久发力、久久为功的工匠精神，实事求是地分析问题、解决问题。

再次，乡村振兴呼吁外来专业服务与本地能力提升的同频共振。作者总结了高校参与乡村建设的六点优势：研究先导、文化视角、技术应用、学科交叉、理论提升和持续跟进，并且介绍了同济大学与黄岩区合作成立全国首家乡村振兴学院“同济·黄岩乡村振兴学院”的做法，这些都是值得借鉴的经验。中国城市规划学会多年来呼吁建立乡村规划师制度，组织规划师下乡、规划志愿者活动，不只着眼于城市的专业技术人员服务乡村振兴，更希望以此能够提升乡村本土人才的能力和水平，推动乡村的持续发展。在这个过程中，规划师可以充分发挥自身的知识特长和协调技能，从提升乡村治理能力、共同缔造美好乡村生活的角度，发挥不可替代的积极作用。

2021 年，中国城市规划学会授予杨贵庆教授“最美科技工作者”的荣誉称号，以表彰他在浙江黄岩等地的持续贡献。我应邀为他的这本书作序，也期待有更多的“布袋教授”和规划志愿者深入乡村地区，把乡村筑梦作为自身专业实践的动力。

2022 年 8 月 21 日

# 序三

**陈秉钊**

同济大学教授、博士生导师，建筑与城市规划学院原院长
中国城市规划学会顾问，浙江省台州市黄岩区“美丽乡村”规划建设顾问

400幅珍贵的现场实景照片，再现了十年的足足迹迹。十年磨一剑，乡村再生，筑梦成真，迹迹斑斑沥沥在目。杨贵庆教授从鬓发稍白到满头白发，作为当年的推荐人，我感到心痛，但也十分欣慰。

2011年，我在复旦大学一个乡村干部培训班上，结识了浙江黄岩屿头乡的钟鹏鸥乡长。因为他谈起了村里的许多事让我很有兴趣，于是就专程去做了一次访问。我在里岙村看到因火灾之后新建的农村住宅。堂屋的铝合金正门口堆满了柴草，钟乡长引导我从山墙的门进去，在正堂的楼梯下是猪圈。农民的生活习俗要改变不是一朝一夕的事。我想起了一句颇具哲理的话：“要化农民，先要农民化”。要做好农村的工作，不了解农民，那是很难有成效的。

2013年，钟乡长要我帮他建设美丽的乡村，我已退休多年了，于是推荐了杨教授。因为他颇有情怀，我对他说：“钱够用就行了，你已是近50岁的人了，应抓紧做点事业”，竟然他一蹲就是十年。我就充当个顾问，打响个开场锣鼓。

谁耕耘，谁就有收获。广大黄岩的干群获得了产业振兴、人才振兴、文化振兴、生态振兴、组织振兴。黄岩的美丽乡村誉满全球，2018年联合国人居大会做了介绍。杨教授本人也收获到“感动同济”人物奖，中央电视台以“乡村振兴——教授下乡”专题介绍了杨教授的事绩。但是作为一名教师，最欣慰的收获还在于培养了一批能继承自己事业的人。在“同济·黄岩乡村振学院”和“同济·黄岩党建教育基地”中，

一批年轻人在实战中成长起来。还有多部专著出版，获得了一系列的奖项与荣誉。

对于五千年的古国，中国社会长期处在农耕时代，广大的农村要振兴还任重道远。黄岩的美丽乡村建设，先靠政府主导，政府资助，算是1.0版本，要普遍复制推广似乎还有困难。我们必须继续努力探索，探索以市场为主导，农民为主体、政府支持的2.0版本，这是我的期待。

2022年8月10日 于华升新苑

## 前言

# “力尽不知热，但惜夏日长”

## ——十年乡建耕耘之期盼

记得还是2012年年底，曾任同济大学建筑与城市规划学院院长、同时也是我的博士生导师的陈秉钊教授，受邀到台州市黄岩区屿头乡考察，发现当地政府美丽乡村建设工作开展得如火如荼。陈老师建议并推荐我结合规划教学做一些理论与实践相结合的工作。时任黄岩区农办主任戴庭曦在网上寻找关于建设美丽乡村的理论，发现《乡村中国》《农村社区》专著。这两本书是我基于自己主持的“‘十一五’国家科技支撑计划”课题而主编出版的，其中后一本提出乡村“产业经济、社会文化和物质环境”应“三位一体”整体发展的理念。因此，几方面“一拍即合”，决定以屿头乡沙滩村作为实践点，探索一条符合当地发展实际的美丽乡村路径。

于是，2013年春节刚过，同济大学师生团队便开始了同济·黄岩乡村现代化探索的实践，到如今一干就是10年。几个重要的节点是：2014年11月，台州市美丽乡村建设现场会选在了黄岩区召开，沙滩村作为现场会参观点；2015年年初，我们又受邀开始宁溪镇乌岩头村的案例实践，经过一年多建设，2016年8月，经浙江省农办考察并推荐，全省历史文化村落保护利用工作现场会在黄岩区召开，沙滩村和乌岩头村这两个点被选为现场会的参观点；2017年5月，中国科协“山地城镇可持续发展年会”在台州召开，沙滩村被推荐为大会参观考察点；2018年2月6日，全国首家乡村振兴学院，“同济·黄岩乡村振兴学院”在黄岩揭牌成立；同年4月2日，《财经国家周刊》封面报道“黄岩：乡村振兴工作法”；同年8月4日，中央电视台《新闻调查》

栏目推出近45分钟专题报道“乡村振兴——教授下乡”；9月，沙滩村被列入《中国村庄发展的浙江样本研究——台州市黄岩区沙滩村发展研究》；同年12月，《人民日报》头版“浙江‘千万工程’托起美丽乡村”报道了沙滩村案例；2019年5月，“中德城乡融合推进乡村振兴——2019黄岩国际学术座谈会”在沙滩村召开；同年9月，“同济·黄岩党建教育基地”在沙滩村揭牌成立；同年12月，黄岩实践案例入选《中国城市状况报告——全球行动与中国实践：共创人类美好未来2018/2019》（中、英文版）；2020年10月，乌岩头村的古村复兴实践被列入浙江“乡村振兴十大模式”之一；2021年5月，“新阶段乡村振兴先锋论坛·黄岩2021”在沙滩村召开；时至今日，2022年，正值同济·黄岩乡村建设规划实践第十个年头，这本《乡村筑梦——同济·黄岩乡建十年图记》即将与读者见面，较为全面地反映了校地合作耕耘乡村建设的成果。

为了让这一路的汗水与风景有一个较为系统的记录，我想到了编撰这本基于图片而作的小书。如同小时候看的连环画那样，以图为主、以文为辅，阅读起来比较轻松。而“连环”本书的结构，则按照国家实施乡村振兴战略的五大振兴划分，包括产业振兴、人才振兴、文化振兴、生态振兴和组织振兴5个篇章，加上开篇“回首十载”的绪章，以及“乡建启示”的小结，全书共分7章。每章内的图片及文字安排总体上以时间为序。

回眸十载，光阴似箭。唯有珍惜尚能劳作的韶华，才能从耕耘中感受岁月的馈赠：期待具有中国特色的乡村现代化早日实现！

杨贵庆

同济大学建筑与城市规划学院，教授、博士生导师
教育部高等学校城乡规划专业教学指导分委员会委员
中国城市规划学会“山地城乡规划学术委员会”副主任委员
2022年8月20日

# 目录



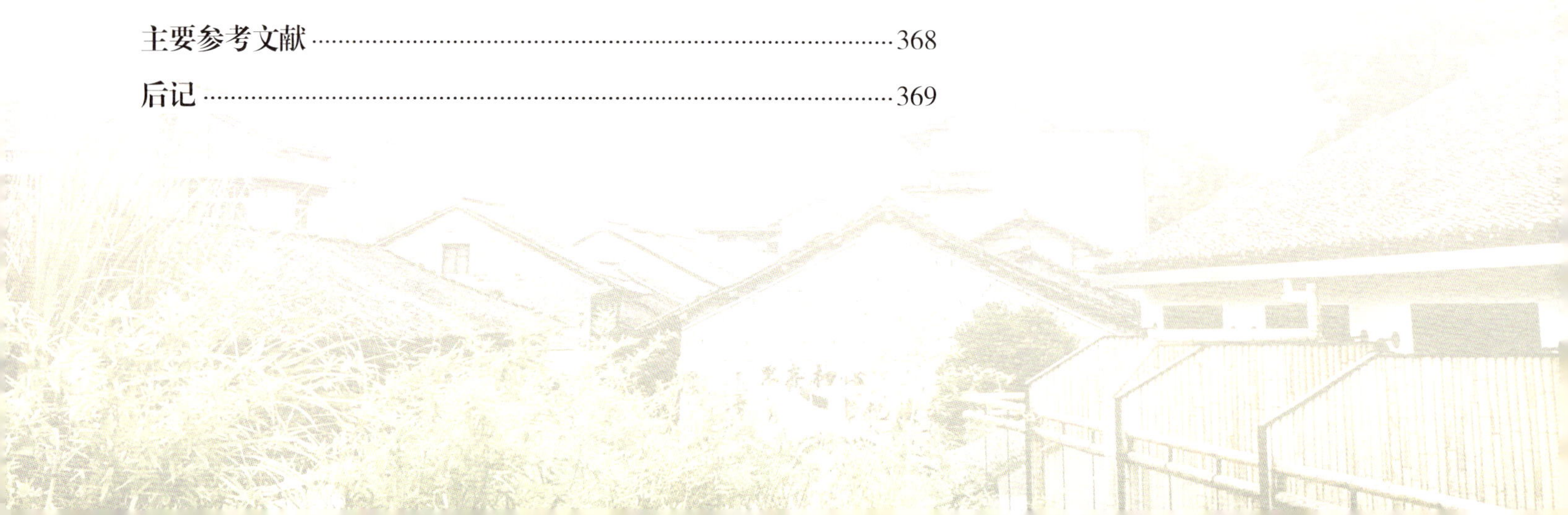

**图 00** 2017 年 5 月 3 日，黄岩区屿头乡沙滩村鸟瞰，美丽乡村建设不断推进。（图片来源：无人机拍摄，李帅君提供）

# 绪章　回首十载（2013—2022）

本章的图片以时间为序，记录了从 2013 年以来同济大学和浙江省台州市黄岩区校地合作开展乡村规划建设实践的重要节点。针对所选的图片，文字采用“时间、地点、人物和事件”的结构，并适当对内涵和意义加以概括和提炼。在图片开始之前，先列出了“同济·黄岩乡建十年大事记一览表”，读者从中可以总览十年来校地合作推进美丽乡村建设、实施乡村振兴战略的整体概况。

表 1　同济·黄岩乡建十年大事记一览表

| 序号 | 时间 | 大事记 |
| --- | --- | --- |
| 1 | 2013 年 1 月 | 同济大学陈秉钊教授率队考察黄岩区屿头乡，“同济大学美丽乡村规划教学实践基地”正式揭牌成立 |
| 2 | 2013 年 3 月 | 同济大学城乡规划专业师生团队进驻屿头乡沙滩村开展调研。 |
| 3 | 2014 年 11 月 | “台州市美丽乡村建设现场会”在黄岩区召开，屿头乡沙滩村作为现场会的主要参观考察点。 |
| 4 | 2015 年 3 月 | 同济大学杨贵庆教授带领师生团队进驻宁溪镇乌岩头古村调研。 |
| 5 | 2015 年 5 月 | 《黄岩实践——美丽乡村规划建设探索》一书由同济大学出版社出版，同济大学时任党委书记周祖翼教授、建筑与城市规划学院原院长陈秉钊教授为书作序。 |
| 6 | 2015 年 11 月 | “中德乡村人居环境可持续发展研讨会——黄岩实践”召开；同期，在宁溪镇、屿头乡举行为期 2 周的“同济大学·柏林工大师生乡村规划设计工作坊”。 |
| 7 | 2016 年 5 月 | 《乌岩古村——黄岩历史文化村落再生》一书由同济大学出版社出版，同济大学时任党委书记杨贤金教授、建筑与城市规划学院原院长陈秉钊教授为书作序。 |
| 8 | 2016 年 7 月 | 同济大学时任党委书记杨贤金教授一行考察黄岩区同济大学美丽乡村教学实践基地并看望师生。台州市时任市长张兵等陪同考察。 |
| 9 | 2016 年 8 月 | “浙江省历史文化村落保护利用工作现场会”在黄岩区召开，屿头乡沙滩村、宁溪镇乌岩头村等作为现场会的主要参观考察点。 |
| 10 | 2016 年 11 月 | 中国科协“山地城镇可持续发展年会”在台州召开，沙滩村被推荐为大会参观考察点。 |
| 11 | 2017 年 11 月 | “中国村庄发展的浙江样本研究——台州市黄岩区沙滩村发展研究”项目发布会在黄岩区召开。 |
| 12 | 2018 年 2 月 | 全国首家乡村振兴学院“同济·黄岩乡村振兴学院”在黄岩成立，同济大学党委书记方守恩教授一行出席揭牌仪式。 |
| 13 | 2018 年 4 月 | 《财经国家周刊》封面报道“黄岩：乡村振兴工作法”。同济大学时任副校长江波教授一行考察屿头乡和宁溪镇。 |
| 14 | 2018 年 4 月 | 中央电视台“焦点访谈”栏目推介宁溪镇乌岩头村。 |

续表

| 序号 | 时间 | 大事记 |
| --- | --- | --- |
| 15 | 2018 年 4 月 | “同济大学乡村振兴研习社”成立仪式在屿头乡沙滩村举行；同济大学时任党委副书记徐建平教授一行考察屿头乡和宁溪镇。 |
| 16 | 2018 年 8 月 | 中央电视台“新闻调查”栏目作专题报道：“乡村振兴——教授下乡”。 |
| 17 | 2018 年 10 月 | 中共同济大学党委书记方守恩教授、时任台州市市委书记陈奕君等考察黄岩区屿头乡沙滩村“同济·黄岩乡村振兴学院”（北校区） |
| 18 | 2018 年 12 月 | 黄岩区屿头乡沙滩村规划建设案例入选中国工程院课题“新型乡村建设战略与推进策略研究” |
| 19 | 2018 年 12 月 | 《人民日报》头版头条报道中提到了黄岩美丽乡村的经验做法。 |
| 20 | 2019 年 3 月 | 同济·黄岩乡村振兴规划建设回顾展（2013–2018）在同济大学举办。 |
| 21 | 2019 年 5 月 | “城乡融合推进乡村振兴中德联合研究课题启动会”在屿头乡沙滩村召开。 |
| 22 | 2019 年 9 月 | “同济·黄岩党建教育基地”在黄岩区屿头乡沙滩村揭牌成立。 |
| 23 | 2020 年 9 月 | 中德“城乡共构 (URA)”线上交流会召开，黄岩分会场就黄岩区城乡融合发展情况进行经验交流 |
| 24 | 2020 年 9 月 | 《乡村人居——黄岩村庄风貌导则探索》一书由同济大学出版社出版。 |
| 25 | 2020 年 10 月 | 黄岩区乌岩头村的古村复兴实践被列入浙江“乡村振兴十大模式”典型案例。 |
| 26 | 2021 年 4 月 | 中共黄岩区委、区政府领导一行赴同济大学对接地校合作工作。 |
| 27 | 2021 年 5 月 | “新阶段乡村振兴先锋论坛·黄岩 2021”在黄岩区屿头乡沙滩村举办。 |
| 28 | 2021 年 12 月 | 《耕读致远——台州沙滩村发展研究》一书由浙江大学出版社出版，入选“中国村庄发展：浙江样本研究”丛书之一。 |
| 29 | 2022 年 3 月 | 黄岩区四套班子主要领导赴同济大学考察学习。 |
| 30 | 2022 年 9 月 | 《乡村筑梦——同济·黄岩乡建十年图记》一书由同济大学出版社出版。同济大学党委书记方守恩教授、中国城市规划学会常务副理事长兼秘书长石楠教授、建筑与城市规划学院原院长陈秉钊教授为书作序。 |

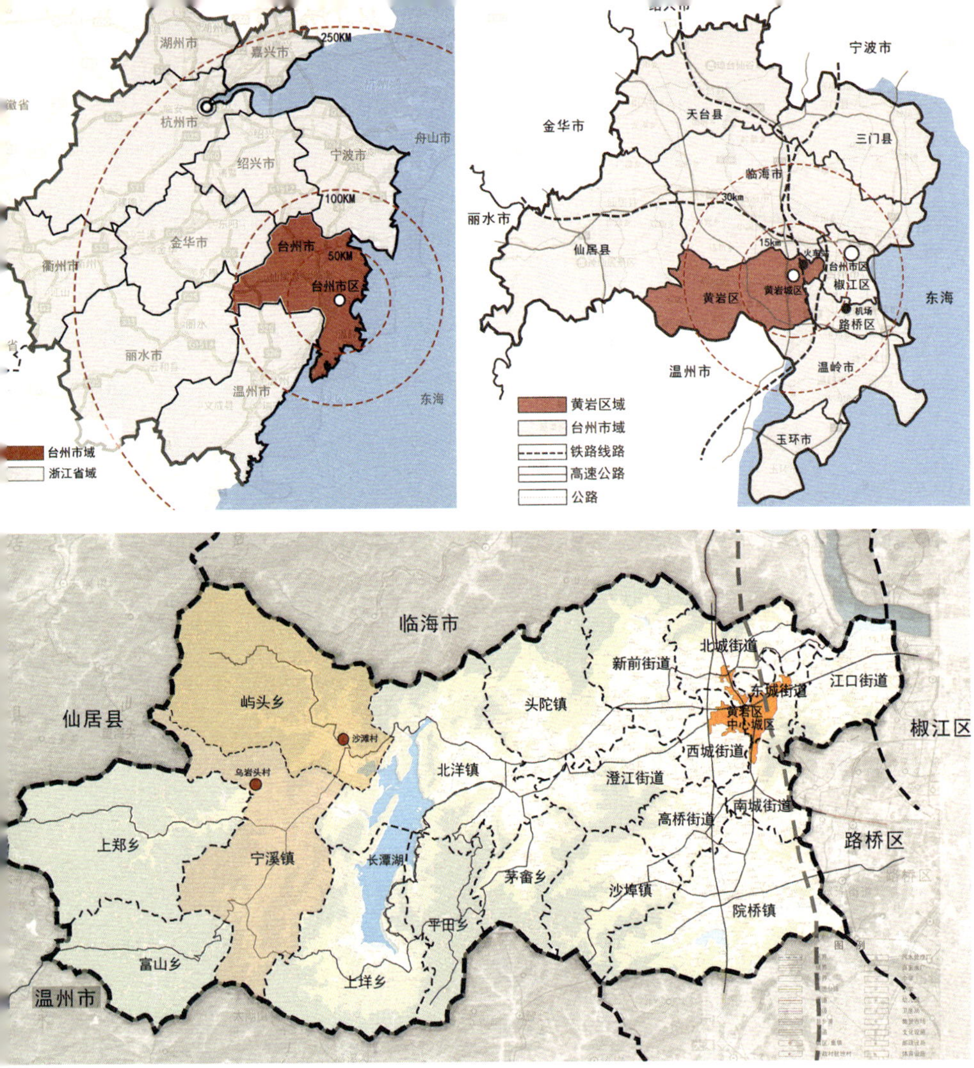


图 1　台州市黄岩区及各乡、镇、街道办事处的区位关系。（图片来源：杨贵庆教授团队）

**图 1 记**　浙江省台州市黄岩区距上海虹桥高铁站 3 小时车程，杭台高铁于 2021 年年底通车后，两地车程缩短至 2 小时。黄岩西部长期以来受台州市“大水缸”长潭湖水库的严格保护所限，加上地处偏远、交通不便，经济和社会发展相对落后。美丽乡村建设、乡村振兴战略为其发展提供了契机。2013 年 1 月，从屿头乡沙滩村开始，同济大学黄岩美丽乡村规划教学实践团队和黄岩区开展校地合作，2015 年开始指导宁溪镇乌岩头古村保护和利用工作，之后又陆续开展了北洋镇、头陀镇、南城街道、高桥街道、富山乡、茅畲乡等地的村庄规划和乡建指导，至今已十个年头。

**图 2**　同济大学美丽乡村规划教学实践基地（浙江省台州市黄岩区屿头乡）启动仪式举行。［图片来源：黄岩区委区政府农村工作办公室（以下简称“黄岩区农办”）］

**图 2 记**　2013 年 1 月，在黄岩区耀达酒店会议室，同济大学美丽乡村规划教学实践基地（浙江省台州市黄岩区屿头乡）启动仪式举行。同济大学建筑与城市规划学院原院长陈秉钊教授（左二）把实践基地牌授予了黄岩区屿头乡人民政府主持工作的钟鹏鸥乡长（右二）。中共黄岩区委副书记陈建勋（右一）和同济大学城市规划系副系主任杨贵庆教授（左一）等参加。这标志着同济大学美丽乡村规划教学实践正式结合黄岩区美丽乡村创建工作，发挥教学实践、人才培养和服务社会的积极作用。屿头乡成为教学实践基地开展黄岩区美丽乡村规划实践的第一个点。

**图 3**　台州市美丽乡村工作现场会（2014）在黄岩举办。（图片来源：黄岩区人民政府办公室）

**图 3 记**　2014 年 11 月，在黄岩区屿头乡沙滩村，同济大学杨贵庆教授（左）向中共台州市市委常委、黄岩区委书记陈伟义（右）介绍美丽乡村工作思路和做法。黄岩区承办了本年度的台州市美丽乡村工作现场会，屿头乡沙滩村被列为现场会考察点。在同济大学陈秉钊教授、杨贵庆教授团队指导下，规划团队通过挖掘沙滩村历史文化资源，确立发展主题，提出美丽乡村“产业经济、社会文化、空间环境”的“三位一体”全方位发展的思路，并倡导“适合环境、适用技术和适宜人居”的“三适原则”，探索黄岩西部山区集体经济薄弱乡村的可持续发展路径。

**图 4**　陈秉钊教授等参加台州市美丽乡村现场会（2014）。（图片来源：杨贵庆拍摄）

**图 4 记**　2014 年 11 月，在屿头乡沙滩村老街区块，同济大学陈秉钊教授（右二）和德国包豪斯大学教师 Philippe Schmidt（左二）参加由黄岩区承办的台州市 2014 年美丽乡村建设现场会。当日，在改造后的沙滩老街，屿头乡党委书记王欣东（右一）和沙滩村主任黄志洪（左一）与到访的专家学者合影。从 2013 年年初开始，经过一年半左右的努力，同济大学美丽乡村规划团队师生与黄岩区各级（区、乡镇、村）干部和群众一起，把屿头乡沙滩村建设成为台州市美丽乡村精品村，并作为现场会的考察学习案例点之一。

**图5记** 2015年11月7日中午，在黄岩区耀达酒店大堂外，参加“中德乡村人居环境可持续发展路径探索2015黄岩学术研讨会”的嘉宾留影。当日，来自德国的柏林工业大学、包豪斯大学和纽伦堡工业大学师生，同济大学师生，浙江省内的专家学者，以及台州市、黄岩区各有关部门和乡镇干部，共同就乡村人居环境可持续发展的理论和实践进行交流研讨。中国城市规划学会乡村规划与发展学术委员会主任委员张尚武教授（前排右七）到会，代表中国城市规划学会乡村学委会致辞。乡村学委会委员、浙江工业大学新型城镇化研究中心执行主任陈前虎教授（前排右五）等做主题报告。

**图5** 中德乡村人居环境可持续发展路径探索2015黄岩学术研讨会举行。（图片来源：黄岩区农办）

**图6**　浙江省农办严杰副主任考察乌岩头古村。（图片来源：黄岩区农办）

**图6记**　2016年3月9日上午，在宁溪镇乌岩头古村，浙江省农办副主任严杰（正厅级，左三）考察省级历史文化村落保护和利用实施情况，省农办社会发展处处长邵晨曲（左一）同行。中共台州市委常委、黄岩区委书记陈伟义（左二）、黄岩区委副书记陈建勋（右一）和同济大学教授杨贵庆（右二）汇报了古村保护和利用的理念和方法。乌岩头古村是继屿头乡沙滩村之后，同济大学美丽乡村规划教学实践团队指导黄岩区乡村规划建设的第二个项目。此次考察之后，浙江省当年的全省历史文化村落保护利用工作现场会就被决定由黄岩区承办，乌岩头古村被列入现场会的参观点。

**图 7** 浙江省全省历史文化村落保护利用工作现场会（2016）与会人员考察黄岩区宁溪镇乌岩头古村。（图片来源：黄岩区人民政府办公室）

**图 7 记** 2016 年 6 月 2 日，在宁溪镇乌岩头古村，同济大学杨贵庆教授正在向中共浙江省委副书记王辉忠等省市区领导介绍村落保护利用的理念和实施情况。是日，全省历史文化村落保护利用工作现场会在台州市黄岩区召开。黄岩区屿头乡沙滩村、宁溪镇乌岩头古村、北洋镇潮济村等被列入现场会的考察点。乌岩头古村被列入第三批全省历史文化村落保护和利用重点村。经过同济大学杨贵庆教授团队指导和黄岩区各方面共同努力，贯彻“创造性转化、创新性发展”，修旧如故，功能再生，使一个衰败凋敝的山区小村庄“涅槃重生”，焕发出新时代独特的魅力。

**图 8**　中共同济大学党委书记杨贤金一行到台州市黄岩区同济黄岩美丽乡村规划教学实践基地的案例点考察。（图片来源：黄岩区宁溪镇人民政府办公室）

**图 8 记**　2016 年 7 月 25 日，在宁溪镇乌岩头古村改造完成的同济黄岩美丽乡村规划教学实践基地，中共同济大学党委书记杨贤金教授（左二）考察由同济师生参与的乡村规划实践项目。中共台州市委副书记、市长张兵（左一），同济大学新农村发展研究院常务副院长张亚雷教授（右二）和同济大学党委办公室主任陆居怡（右一）一同参加考察。从 2015 年开始，同济大学杨贵庆教授指导当地编制了乌岩头古村保护和利用的实施方案，带领团队陪伴式参与老村改造实践，成功地将其改造为浙江省省级历史文化村落保护利用工作现场会的学习交流考察点之一。

**图 9 记** 2016 年 7 月 25 日下午，在屿头乡沙滩村同济黄岩美丽乡村规划教学实践基地，中共同济大学党委书记杨贤金（左五）亲切看望正在开展教学实践的同济大学建筑与城市规划学院杨贵庆教授（右一）和研究生。同济大学党办主任陆居怡（左一）和新农村发展研究院常务副院长张亚雷教授（右三）等陪同视察。杨贤金书记勉励大家：这种深度参与社会服务、创新规划实践的精神是十分可贵的，希望激发更多的同济师生参与到这一具有重要意义的美丽乡村科学研究和规划实践中来，以“创新、协调、绿色、开放、共享”为指导思想，为探索具有中国特色新型城镇化道路贡献智慧和力量。

**图 9** 中共同济大学党委书记杨贤金一行亲切看望在黄岩实施美丽乡村规划教学实践的师生。（图片来源：黄岩区屿头乡人民政府办公室）

图 10　第五届山地城镇可持续发展专家论坛嘉宾考察屿头乡沙滩村。（图片来源：中国城市规划学会张国彪提供）

图 10 记　2016 年 11 月 25 日，参加“第五届山地城镇可持续发展专家论坛”的部分专家领导考察沙滩村。中国城市规划学会副理事长兼秘书长、国际城市与区域规划师学会副主席石楠教授（左四），国际古迹遗址理事会前副主席、中国文物学会副会长兼世界遗产研究会会长郭旃（左五），学会常务理事、中国城市规划设计研究院院长杨保军教授（右五），学会副理事长、重庆大学赵万民教授（右四），天津大学曾坚教授（右三），华中科技大学李保峰教授（左二），学会副秘书长曲长虹（左三），同济大学杨贵庆教授（右二），屿头乡党委书记陈康（右一），乡长郭韬韬（左一）等参加。

**图 11 记** 2018 年 2 月 6 日下午，在黄岩区宁溪镇由老电影院改造而成的大会堂，同济大学与黄岩区合作成立的全国首家乡村振兴学院“同济 · 黄岩乡村振兴学院”举行成立揭牌仪式。中共同济大学党委书记方守恩教授（左图）亲赴现场致辞并揭牌。黄岩区人民政府区长陈建勋（右图左）和同济大学新农村发展研究院常务副院长张亚雷教授（右图右）签署合作协议。方守恩书记在致辞中说，同济 · 黄岩乡村振兴学院的成立，是响应党的“十九大”报告中提出的“实施乡村振兴战略”的具体行动，我们将更加深入探索校地合作的创新模式，为黄岩区实施乡村振兴战略贡献力量。

**图 11（左、右）** 全国首家乡村振兴学院“同济 · 黄岩乡村振兴学院”成立。（图片来源：黄岩区人民政府办公室）

图 12　新华社、瞭望智库等国家级媒体记者到黄岩区沙滩村调研。（图片来源：黄岩区人民政府办公室）

图 12 记　2018 年 3 月，在屿头乡沙滩村老街区块的同济黄岩美丽乡村规划教学实践基地，新华社、《财金国家周刊》等媒体记者，在同济大学副校长江波教授（左五）带领下，深度调研采访同济·黄岩乡村振兴学院成立和同济黄岩校地合作推进乡村振兴的情况。新华社摄影记者谢锐佳（左四）、瞭望智库副总编吴亮（左六），中共同济大学党委宣传部部长朱大章教授（左二）和同济大学新农村发展研究院常务副院长张亚雷教授（左三）等参加调研。在之后的 4 月，吴亮等人基于调研采访而撰写的“黄岩报告：乡村振兴工作法”，在《财金国家周刊》上发表。

访科技部部长王志刚 P6 ○ 专访西藏自治区政府主席齐扎拉 P10 ○ 河南“花生第一县”升级记 P34 ○ 银保监会的新老考

财经国家周刊

CHINA FINANCIAL WEEKLY

2018 年第 7 期 | 4 月 2 日出版 | 总第 216 期 | 国内统一刊号 CN11-5891/F | 邮发代号 2 - 82

黄岩报告：乡村振兴工作法

乡村振兴具体如何推进？“牛鼻子”在哪？
从浙江黄岩的探索中，或许能找到一些启示。

ISSN 1674-8212

财经国家周刊

黄岩报告：
乡村振兴工作法

乡村振兴具体如何推进？“牛鼻子”在哪？从浙江黄岩的探索中，或许能找到一些启示。

文／瞭望智库研究员 吴亮 王先知 里雨曦

每个人心里都有一个乡村的模样。

一些人喜欢乡村，盼望回归田园生活，但又常吐槽农村的各种现状，抱怨乡村的凋弊和失序。

我们还能回归乡村吗？或者说，中国社会在推进城市化的同时，是否还能迎来“乡村的复兴”？让我们既获得城市的繁华，又能享受乡村的美好，能够在城市与乡村之间“自由地切换”。

十九大报告提出乡村振兴战略，为城市和乡村的共同繁荣指出了明确方向。

2018 年中央一号文件《中共中央 国务院关于实施乡村振兴战略的意见》提出，实施乡村振兴战略，是决胜全面建成小康社会、全面建设社会主义现代化国家的重大历史任务，是新时代“三农”工作的总抓手。

中央一号文件出台前的中央农村工作会议，则提出了实施乡村振兴战略“三步走”的时间表，即到 2020 年，乡村振兴取得重要进展，制度框架和政策体系基本形成；到 2035 年，乡村振兴取得决定性进展，农业农村现代化基本实现；到 2050 年，乡村全面振兴，农业强、农村美、农民富全面实现。

乡村振兴“三步走”目标，与推进国家现代化时间表高度一致。这反映出决策层的意志与判断：没有乡村振兴的决定性

2018 第 7 期 总第 216 期 / 23

图 13 记　2018 年 4 月 2 日，《财经国家周刊》第 7 期发表了吴亮等调查报告《黄岩报告：乡村振兴工作法》。报告被采用作封面主题（左），并以共 12 页面的“极度调查”（右），报道了同济大学和台州市黄岩区通过长达 6 年的深度校地合作，开创了乡村振兴的黄岩经验。封面的编者按指出：“乡村振兴具体如何推进？‘牛鼻子’在哪？从浙江黄岩的探索中，或许能找到一些启示。”同济大学和黄岩区美丽乡村规划实践的校地合作经验，被提炼为“乡村振兴工作法”十法：文化定桩、点穴启动、柔性规划、细化确权、功能注入、适用技术、培训跟进、党建固基、城乡共享和话语构建。

图 13（左、右）　《财经国家周刊》发表封面主题文章，提出了乡村振兴工作法。（图片来源：《财经国家周刊》2018 年第 7 期）

图 14（上、下）　中央电视台栏目报道同济大学杨贵庆教授团队在黄岩开展乡村振兴的工作。（图片来源：中央电视台）

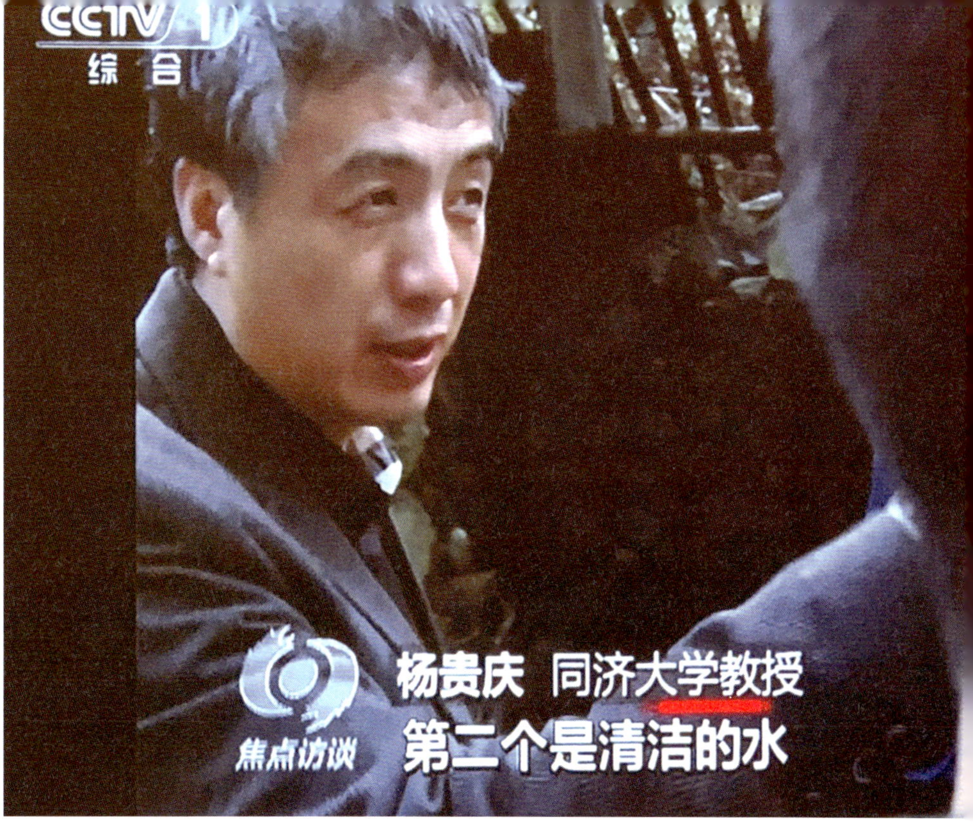

图 14 记　2018 年 4 月 25 日，中央电视台《焦点访谈》栏目报道了同济大学杨贵庆教授团队在浙江黄岩区西部宁溪镇乌岩头指导乡村振兴的工作（上图）。2018 年 8 月 4 日，中央电视台《新闻调查》栏目以“教授下乡”为题，近 45 分钟专题报道了 6 年来同济大学杨贵庆教授团队参与黄岩乡村振兴的工作（下图）。自 2013 年 1 月以来，同济大学黄岩美丽乡村规划教学实践团队协助地方开展黄岩西部乡村规划建设，成功使一批古村落实现再生。“教授下乡”栏目组杜晓静编导多次实地采访，深入报道了杨贵庆教授团队和黄岩区当地干部群众在“实施乡村振兴战略”时代背景下的理论思考和实践探索。

**图 15 记** 2018 年 4 月 25 日下午，在屿头乡沙滩村的“同济大学美丽乡村规划教学实践基地”，2018 年同济大学黄岩乡村振兴专项社会实践启动暨“同济大学乡村振兴研习社”成立仪式举行。中共同济大学党委副书记徐建平和黄岩区人民政府副区长车献晨共同为研习社成立揭牌。校团委副书记刘扬，校团委副书记（兼职）陈晨，建筑与城市规划学院团委书记方勤、蒋亦秋，城市规划系杨贵庆教授，“美丽乡愁公益团队”彭倩老师，屿头乡党委书记陈康，乡长郭韬韬，黄岩区团区委书记符求，以及来自“同济大学乡村振兴研习社”的博士生、硕士生和本科生代表参加了成立仪式。

**图 15** 同济大学乡村振兴研习社成立仪式在黄岩区屿头乡沙滩村举行。（图片来源：陈晨提供）

**图 16（上、下）** 中共上海市委书记李强调研同济大学了解同济师生团队参与浙江黄岩美丽乡村规划实践情况。（图片来源：上图源自上海电视台新闻，下图源自同济大学新闻报道）

**图 16 记** 2018 年 5 月 21 日，正值同济大学建校 111 周年校庆之际，在同济大学建筑与城市规划学院文远楼底层大厅，中共上海市委书记李强考察同济大学优势学科服务国家战略，了解到城市规划系杨贵庆教授团队多年来结合教学实践和学科优势参与浙江黄岩乡村振兴。同济大学党委书记方守恩、校长钟志华等校领导陪同（上图）。李强书记参观了黄岩乡村振兴的图片展览，并就浙江历史文化村落保护利用，与杨贵庆进行询问和交流，同济大学常务副校长伍江、副校长吴志强等校领导一起参加（下图）。2018 年 2 月，同济大学与黄岩区合作成立了全国首家乡村振兴学院“同济·黄岩乡村振兴学院”，随后，校内环境工程、设计创意等多学科参与当地乡村振兴。

**图 17 记** 2018 年 9 月 30 日，在黄岩区人民政府办公大楼会议室，“中国村庄发展的浙江样本研究——台州市黄岩区沙滩村发展研究”项目发布会举行。浙江省社会科学院副院长、“中国村庄发展：浙江样本研究”项目负责人陈野研究员（左七），课题负责人、同济大学教授王荔（右八），课题组成员同济大学建筑与城市规划学院党委书记彭震伟教授（左六）、城市规划系系主任杨贵庆教授（右七）、经济与管理学院陶小马教授（右六）和台州市人大常委会副秘书长吴志刚（左三）等专家学者以及黄岩区人民政府陈建勋区长（左八），车献晨副区长（右五），区农办、屿头乡党委政府领导参加。

**图 17** 黄岩区屿头乡沙滩村入选“中国村庄发展的浙江样本研究”。（图片来源：黄岩区人民政府办公室）

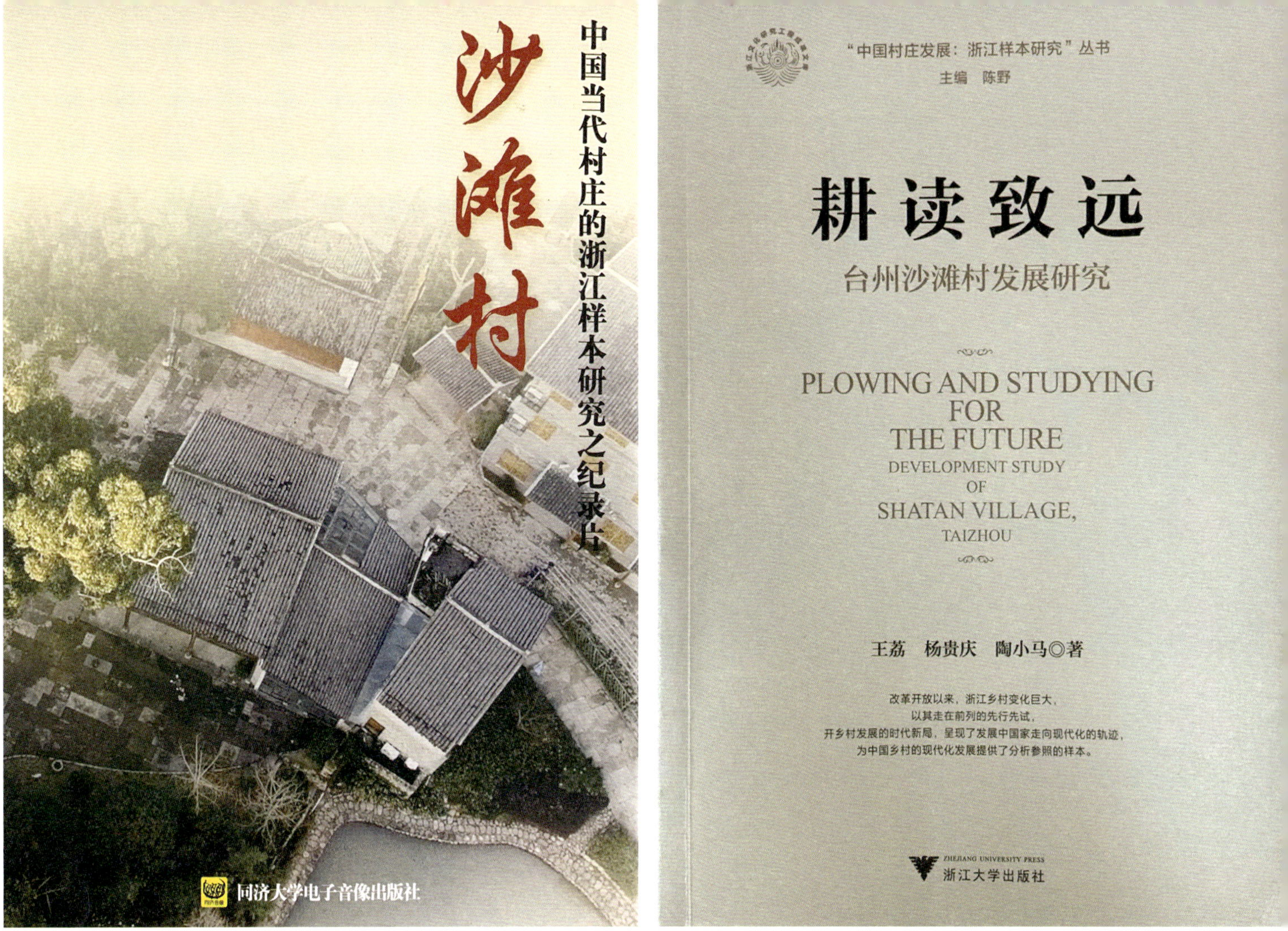


图 18（左、右） 中国当代村庄的浙江样本研究——沙滩村的研究成果出版。（图片来源：《沙滩村》《耕读致远》封面）

图 18 记 2019 年 9 月，由同济大学王荔教授主持的《中国当代村庄的浙江样本研究之纪录片——沙滩村》正式出版发行（左图）。2021 年 12 月，《耕读致远——台州沙滩村发展研究》一书由浙江大学出版社出版（右图）。它们是“中国村庄发展的浙江样本研究——台州市黄岩区沙滩村发展研究”课题的系列成果。该书由王荔、杨贵庆、陶小马负责编撰。课题组由组长王荔（主持人）、彭震伟、杨贵庆、陶小马、吴志刚等组成。该书被列入“中国村庄发展：浙江样本研究”丛书之一。项目成果入选“浙江文化研究工程成果文库”，习近平总书记为成果文库题写总序。

**图 19 记** 2018 年 10 月 31 日上午，在屿头乡沙滩村，中共同济大学党委书记方守恩教授（前排左一）和中共台州市委书记陈奕君（前排左二）考察校地合作的黄岩区美丽乡村规划教学实践基地和示范点，同济大学杨贵庆教授（前排右一）正在汇报建设情况。自 2013 年 1 月同济大学和黄岩区开展战略合作以来，建立“黄岩美丽乡村规划建设专家智库”“同济大学美丽乡村规划教学实践基地”和“中德乡村规划联合研究中心”，共同推动屿头乡沙滩村、宁溪镇乌岩头村、北洋镇潮济村等历史文化村落的保护发展工作，校地共建了全国首家乡村振兴学院——同济·黄岩乡村振兴学院。

**图 19** 同济大学党委书记方守恩教授、台州市委书记陈奕君等考察黄岩区屿头乡沙滩村。（图片来源：王祯提供）

图 20　同济大学党委书记方守恩教授、台州市委书记陈奕君等考察“同济·黄岩乡村振兴学院（北校区）”。（图片来源：黄岩区人民政府办公室）

图 20 记　2018 年 10 月 31 日，在屿头乡沙滩村，“同济·黄岩乡村振兴学院（北校区）”，中共同济大学党委书记方守恩教授（后排左六），中共台州市委书记陈奕君（后排左七）等领导和同济大学师生合影。自 2018 年 2 月 6 日同济·黄岩乡村振兴学院成立以来，同济大学和黄岩区进行乡村振兴方面的合作，积极促进同济大学相关学科建设和人才培养。同济大学立足自身学科建设，深入基层、服务社会，为黄岩在乡村振兴战略的实施路径上提供理论指导，在地化培养了一批乡村振兴建设的干部队伍，向全国宣传相关的理论成果和实践经验。

图 21 记　2018 年 12 月 17 日，在同济大学建筑与城市规划学院会议室，中国工程院课题“新型乡村建设战略与推进策略研究”研讨会举行，课题组长、中国工程院院士肖绪文（中）与大家合影。该课题专题一“乡村建设绿色规划与设计研究”主要研究人员，上海市住房和城乡建设管理委员会总工程师刘千伟（右八），同济大学杨贵庆教授（左八）、颜文涛教授（左七）、张立副教授（左六）、陈晨副教授（左一）、程遥副教授（右一），上海同济城市规划设计研究院高级工程师宋代军博士（右三）等参加。杨贵庆教授团队把多年来在浙江黄岩乡村探索实践的经验纳入课题研究。

图 21　中国工程院乡村振兴课题在同济大学举行研讨会，黄岩区沙滩村、乌岩头村被列入浙江研究经验案例。（图片来源：王艺铮拍摄）

图 22　《人民日报》头版头条报道中提到了黄岩美丽乡村的经验做法。（图片来源：《人民日报》2018 年 12 月 29 日）

图 22 记　2018 年 12 月 29 日，《人民日报》头版头条报道了“浙江‘千万工程’托起美丽乡村”。文中指出：现代农村社区应该是什么样？在台州市黄岩区屿头乡沙滩村，当地干部群众与同济大学的专家团队合作，进行了有益探索。“不能把乡村现代化等同于乡村城市化。我们在规划时严格保留这种空间格局；不改变房子周边的空间格局，不改变外墙风貌，但要改善内部水、电、通风、采光及安全条件，让它们变得适合周边环境，适宜人居，既有城市建筑的现代化设施，又保留农村建筑的风貌。”同济大学教授介绍，“我们把这种改造叫做有机更新，也叫活化利用，让村民共同参与、共享利益，赋予废弃建筑新的生命，吸引游客，促进乡村可持续发展。”

人民日报
RENMIN RIBAO
人民网网址：http://www.people.com.cn
2018年12月 29 星期六
人民日报社出版
代号1-1
第25739期
今日12版

农村改革开放40年成就辉煌——
改革铺展乡村振兴之

15年久久为功，2.7万个村庄环境得到有效整治——
浙江“千万工程”托起美丽乡村

习近平新时代中国特色社会主义思想指引下——新时代新作为新篇章

（相关报道见第六版）

农民与土地关系调整，解放了生产力

建设新时代美丽乡村
本报评论员

全国人大常委会党组举行
专题学习习近平总书记重要讲话精神 栗战书主

快递年业务量突破500亿件

高速公路里程突破14万公里

C919国产大型客机103架机首飞成功

**图 23 记** 2019 年 3 月 5 日下午，在同济大学建筑与城市规划学院明成楼评图大厅，以“与祖国同行·以科教济世”为主题的“同济·黄岩乡村振兴规划建设回顾展（2013–2018）”开幕。共青团同济大学委员会书记陈城，中共同济大学建筑与城市规划学院党委书记彭震伟，建筑与城市规划学院原院长陈秉钊教授在开幕式上致辞。展览由同济大学乡村振兴研习社，同济大学建筑与城市规划学院团委，中共同济大学建筑与城市规划学院教工第六支部，研究生第八、第一支部，中共黄岩区宁溪镇委员会、屿头乡委员会等共同举办。六年的持续努力，反映了同济师生把论文写在祖国大地上的坚定步伐。

**图 23** 同济·黄岩乡村振兴规划建设回顾展（2013–2018）在同济大学举办。（图片来源：同济大学建筑与城市规划学院城市规划系办公室）

图 24　城乡融合推进乡村振兴中德联合研究课题启动会在黄岩区屿头乡沙滩村举办。（图片来源：杨贵庆教授团队）

图 24 记　2019 年 5 月 30 日下午，在屿头乡沙滩村“同济 · 黄岩乡村振兴学院（北校区）”，中德课题组专家学者合影。这是由德国柏林工业大学人居中心主任 Philipp Misselwitz 教授和同济大学杨贵庆教授作为负责人的联合研究项目 Urban Rural Assembly（URA）的开题启动会，黄岩区是课题研究案例点。杨贵庆教授主持的“同济大学城乡融合发展与规划高峰学科团队”组织举办了一场公开学术讲座：“中德城乡融合推进乡村振兴——2019 黄岩国际学术座谈会”。国际学术会议在黄岩小山村举办，这件事情本身意义就非常重大，它标志着传统乡村将迎来创新发展的新阶段。

图 25　同济·黄岩党建教育基地揭牌成立。（图片来源：黄岩区人民政府办公室）

**图 25 记**　2019 年 9 月 26 日下午，在黄岩区屿头乡沙滩村同济大学美丽乡村规划教学实践基地，中共同济大学建筑与城市规划学院党委书记彭震伟教授（右一）、中共黄岩区委书记陈建勋（左一）共同为同济·黄岩党建教育基地揭牌。陈建勋在致辞时说，党建基地的成立，是校地双方推动中央决策部署在黄岩展开生动实践的具体行动。彭震伟说，党建基地是校地双方共同建设、共同发展，并且将会共同取得成果的一个新平台，它的成立标志着双方合作更进一步更全方位。相信双方能通过这个平台，共同努力结出更多成果，对黄岩乃至全国的乡村振兴实践以及理论的升华推广产生更大的作用。

**图 26** 同济大学与黄岩区加强党建教育基地建设。（图片来源：黄岩区人民政府办公室）

**图 26 记** 2019 年 9 月 26 日下午，在刚揭牌成立的黄岩区屿头乡沙滩村“同济 · 黄岩党建教育基地”，校地双方代表合影。中共黄岩区委书记陈建勋（左四）、中共同济大学建筑与城市规划学院党委书记彭震伟教授（右三），同济大学建筑与城市规划学院党委副书记王晓庆（左三）、研究生党总支书记唐育虹（左二）和城市规划系系主任杨贵庆教授（右一），中共黄岩区委副书记徐华（右二）和区委组织部部长龚维灿（左一）等出席。同济 · 黄岩党建教育基地的成立，正值全国第二批“不忘初心、牢记使命”主题教育开展之际，体现了校地双方合作致力于党建引领乡村振兴的决心。

图 27 记　2019 年 9 月 26 日下午，在屿头乡沙滩村“同济 · 黄岩乡村振兴学院（北校区）”广场上，中共同济大学建筑与城市规划学院党委组织的师生党员和中共黄岩区委组织的机关和乡镇党员留影。之后，举行了“同济 · 黄岩党建教育基地”揭牌成立后的第一次联合党建教育活动。同济大学和黄岩区战略合作已逾七年，在双方共同努力下，取得一系列丰硕成果。同济 · 黄岩党建教育基地的成立是同济大学与黄岩区在原有合作基础上的深化和拓展。这一平台将致力于双方资源优势互补，积极探索校地组织联建、党员互动、活动互联等有效途径，实现党组织凝聚力、战斗力的双向提升。

图 27　同济 · 黄岩党建教育基地开展校地联合党建教育活动。（图片来源：黄岩区人民政府办公室）

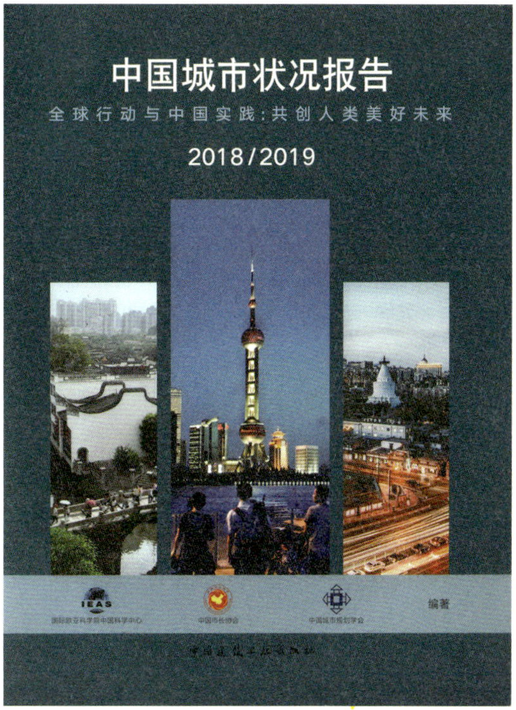

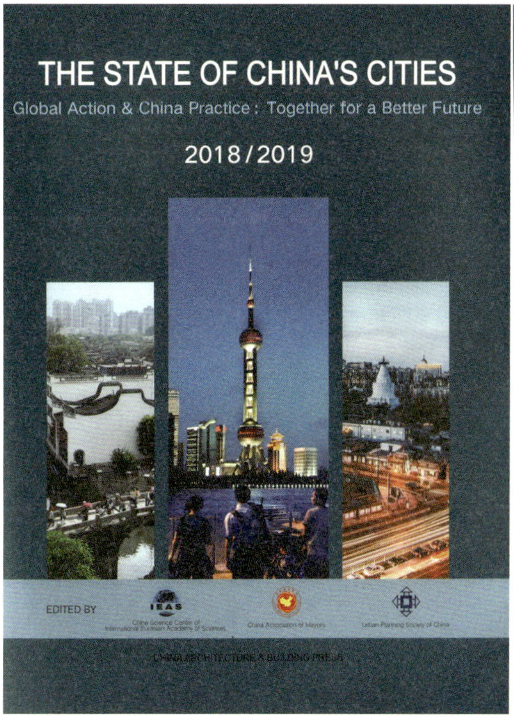


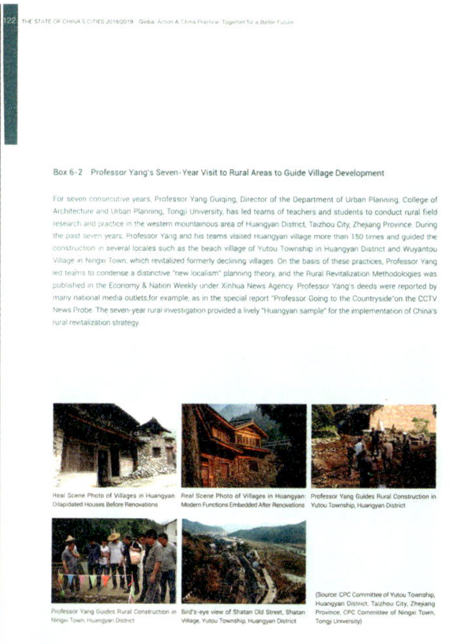


**图 28（上左、上右、下左、下右）** 黄岩实践案例入选《中国城市状况报告——全球行动与中国实践：共创人类美好未来 2018/2019》（中、英文版两册）。（图片来源：《中国城市状况报告》）

**图 28 记** 2019 年 12 月，中国建筑工业出版社出版了《中国城市状况报告——全球行动与中国实践：共创人类美好未来 2018/2019》（上左图），英文版书名：*THE STATE OF CHINA'S CITIES—Global Action & China Practice: Together for a Better Future* 2018/2019（下左图）。同济大学杨贵庆教授团队的黄岩乡村实践案例，以专栏形式被列入书中“乡村振兴与扶贫攻坚”章节（第 99 页）。具体是专栏 6-2，专栏题目是：“布袋”教授逆行乡村七载指导村庄建设（上右图），对应英文版书中：Box 6-2, Professor Yang's Seven-Year Visit to Rural Areas to Guide Village Development，第 122 页。

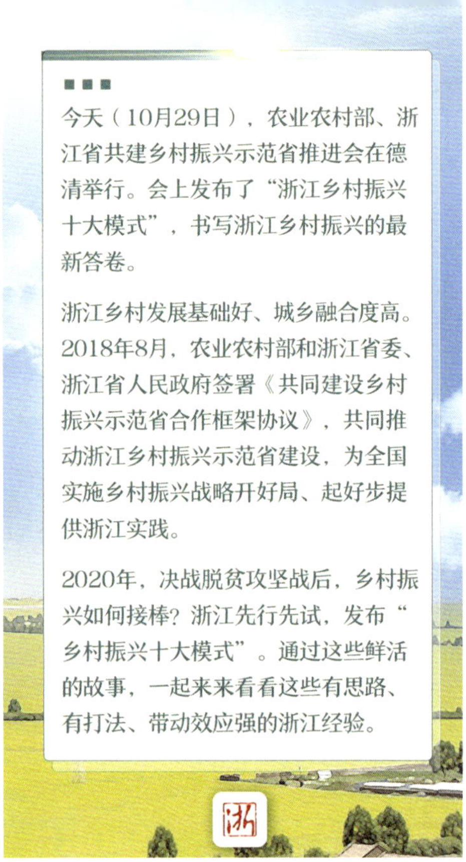


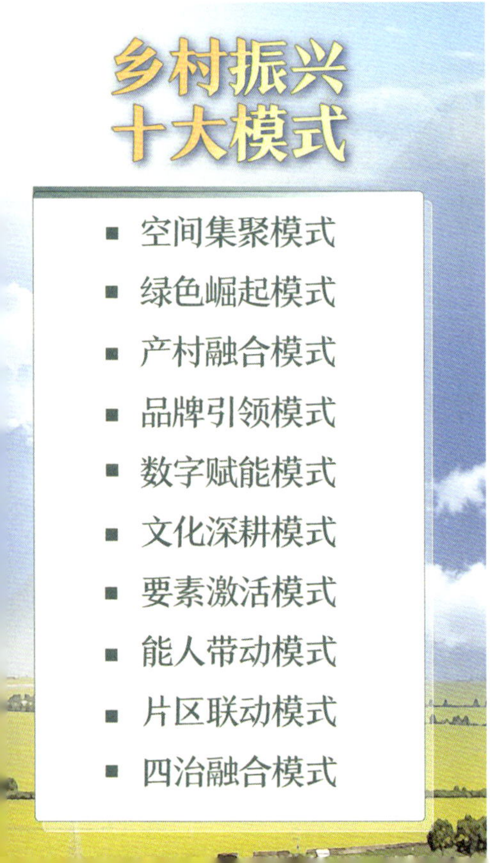

图 29（上左、上右、下左、下右）黄岩区乌岩头村的古村复兴实践入选浙江“乡村振兴十大模式”典型案例。（图片来源：浙江新闻客户端）

图 29 记　2020 年 10 月 29 日，在农业农村部、浙江省共建乡村振兴示范省推进会上，同济大学杨贵庆教授团队在黄岩区宁溪镇乌岩头古村开展的历史文化（传统）村落保护和利用校地合作规划实践，入选浙江“乡村振兴十大模式”之一的“能人带动模式”典型案例。报道以“‘布袋教授’与古村的复兴实践”为题，指出：乌岩头村在同济大学杨贵庆教授团队的指导下，以“民国印象、艺术村落、慢生活区”为主题，开展村内古建筑修缮、周边环境整治提升。古村修复，村庄真正活了起来。此次发布的“乡村振兴十大模式”，为决战脱贫攻坚战后，全面对接乡村振兴提供了浙江经验。

图 30　黄岩区领导赴同济大学对接地校合作工作。（图片来源：江平拍摄）

**图 30 记**　2021 年 4 月 1 日，在同济大学逸夫楼会议室，中共同济大学党委书记方守恩教授（左三）亲切会见了台州市政协副主席、黄岩区委书记陈建勋（右三）一行。同济大学党委副书记彭震伟（右二）参加会见。黄岩区委副书记梁海刚（左二）、黄岩区人民政府副区长车献晨（右一）、同济大学杨贵庆教授（左一）等参加。此行是为黄岩区领导和同济大学黄岩课题项目组对接有关工作。同济大学和黄岩区从 2013 年年初以来针对黄岩区美丽乡村规划建设开展深度校地合作，双方领导持续予以高度重视和沟通交流，对推进校地合作、实施乡村振兴战略提供了组织保障。

图 31 记　2021 年 5 月 26 日，在黄岩区屿头乡沙滩村“同济·黄岩乡村振兴学院（北校区）”，“新阶段乡村振兴先锋论坛·黄岩 2021”开幕。论坛由台州市人民政府和同济大学指导，中共黄岩区委、区人民政府和同济大学建筑与城市规划学院共同主办。同济大学建筑与城市规划学院副院长耿慧志教授代表主办方之一致辞。中国城市规划学会顾问、同济大学陈秉钊教授，浙江省自然资源厅副厅长顾浩，浙江工业大学设计与建筑学院院长陈前虎教授，上海大学美术学院院长助理、建筑系主任刘勇等 8 位专家做主题演讲。与会者共同探讨乡村振兴的新模式、新路径和新动能。

图 31　“新阶段乡村振兴先锋论坛·黄岩 2021”召开。（图片来源：黄岩区人民政府办公室）

图 32（上、下左、下右） “新阶段乡村振兴先锋论坛·黄岩 2021”开幕。（图片来源：黄岩区人民政府办公室）

**图 32 记** 2021 年 5 月 26 日上午，在“新阶段乡村振兴先锋论坛·黄岩 2021”开幕式上，台州市政协主席陈伟义（上）致辞。他指出：此次论坛的主题应时应景，聚焦乡村振兴的工作，在实现小康社会后，思考下一步如何实现共同富裕，突破瓶颈和制约，探讨新时代下新的工作机制，意义十分重大。论坛上，中共黄岩区委副书记、区长包顺富（下左）表示，希望能够进一步深化校地合作，积极探索净零碳乡村建设，全面提炼和总结乡村振兴的黄岩实践，为“十四五”实施乡村建设行动、全面推进乡村振兴提供黄岩样本，为全省乃至全国推动共同富裕探路先行。中共黄岩区委副书记梁海刚（下右）主持开幕式。

图 33 记　2021 年 5 月 26 日上午，在屿头乡沙滩村“同济 · 黄岩乡村振兴学院（北校区）”报告厅，“新阶段乡村振兴先锋论坛 · 黄岩 2021”主旨发言阶段举行研讨。主旨发言嘉宾中国城市规划学会顾问、同济大学陈秉钊教授（左二），浙江省自然资源厅副厅长顾浩（左三），浙江工业大学设计与建筑学院院长陈前虎教授（右二），致辞嘉宾同济大学建筑与城市规划学院副院长耿慧志教授（右三），中共黄岩区委副书记梁海刚（右一）等在台上展开讨论。该研讨环节由同济大学杨贵庆教授（左一）主持。大家对新阶段乡村振兴所面临的政策机遇、实际问题和未来挑战等展开研讨。

图 33　“新阶段乡村振兴先锋论坛 · 黄岩 2021”举行主旨发言研讨。（图片来源：吴真平拍摄）

图 34　黄岩区四套班子领导赴同济大学考察学习。（图片来源：江平拍摄）

图 34 记　2022 年 3 月 2 日上午，在同济大学逸夫楼，中共同济大学党委书记方守恩（中）与到访的黄岩区代表团合影。中共黄岩区委书记包顺富（右四），区委副书记、区长徐礼辉（左四），区人大常委会主任张建新（右三），区政协主席王辉（左三）率新一届四套班子赴同济大学考察学习，共商谱写校地合作新篇章。林峰（左一）、李友斌（右一）等黄岩区四套班子领导，以及相关部门主要负责人参加考察。校党委副书记彭震伟（右二）参加座谈。方守恩书记对黄岩区长期以来对同济大学的支持表示感谢，希望进一步拓宽合作领域，深化合作内涵，提高合作水平，为校地合作再添彩。

**图 01** 2020 年，黄岩区屿头乡沙滩村老街夜景，昔日小山村焕发出新时代生机。（图片来源：王丽瑶提供）

# 第一章 产业振兴

本章着重记录了同济·黄岩校地合作推进乡村产业发展的努力。在实施乡村振兴战略中，产业振兴是基础，产业兴旺是重点。在“产业经济、社会文化和空间环境”的“三位一体”整体发展理念指导下，乡村建设要把发展乡村产业经济和地方文化特色、空间环境品质提升紧密结合，使得乡村产业具有地方特点和文化特色，从而具有市场竞争力，培养乡村自身造血机能，实现乡村产业可持续发展。

图 35 记　2013 年 1 月 21 日晚上 6 点半，在屿头乡人民政府办公楼大会议室，同济大学建筑与城市规划学院原院长陈秉钊教授受邀给屿头乡党委政府班子和村干部做讲座“建设美丽的屿头乡”。他指出：“没有乡村的美丽，也就没有全国的美丽。当前‘美丽中国’的半壁江山在农村，‘美丽乡村’建设工作已在全国各地展开，正在摸索。应避免重蹈以往的‘刮风’，避免重演以往的形式主义。”同济大学美丽乡村规划教学实践基地在屿头乡正在挂牌，并选取屿头乡沙滩村、石狮坦村等村庄着手开展美丽乡村规划的编制和实施，努力建成一个具有理论引领、实践示范、科学普及的黄岩样本。

图 35　陈秉钊教授给黄岩区屿头乡干部做讲座。（图片来源：杨贵庆拍摄）

图 36　同济大学陈秉钊教授一行调研屿头乡产业发展现状。（图片来源：黄岩区屿头乡人民政府办公室）

图 36 记　2013 年 1 月 22 日上午，在黄岩区屿头乡，同济大学建筑与城市规划学院原院长陈秉钊教授（左二）正在与浙江省台州城建设计研究院院长、台州市黄岩区规划设计研究院院长朱持平（左三）交流当地农村产业经济发展情况。同济大学建筑与城市规划学院城市规划系副系主任、上海同济城市规划设计研究院总规划师杨贵庆教授（左一）一同参加调研。陈秉钊教授受邀担任了台州市黄岩区“美丽乡村”规划建设顾问、黄岩区屿头乡“美丽乡村”规划建设专家组组长，他强调“美丽乡村”试点村的实践应根据不同的村情和各村特点突出表达各自的特色。

**图 37 记** 2013 年 2 月 26 日下午，在同济大学四平路校区建筑与城市规划学院 B1 会议室，黄岩区农办戴庭曦主任带领区农办、屿头乡、头陀镇和黄岩区地方规划设计院一行到同济大学建筑与城市规划学院，征询陈秉钊教授、杨贵庆教授关于开展黄岩区美丽乡村规划意见。会上，黄岩区地方规划设计院汇报了已编制的屿头乡沙滩村、头陀镇白湖塘村的规划设计方案。陈秉钊教授、杨贵庆教授给予了指导。在这次会议上，确定黄岩区屿头乡 4 个村、头陀镇 1 个村，作为“美丽乡村”整体规划的试点村，邀请同济大学设计团队开展规划编制。

**图 37** 黄岩区农办等一行到同济大学问计美丽乡村规划。（图片来源：黄岩区农办）

图 38　杨贵庆率领师生团队到屿头乡沙滩村调研。（图片来源：黄岩区农办）

图 38 记　2013 年 3 月 18 日下午，在屿头乡沙滩村，同济大学杨贵庆教授（右三）率团队调研老街区块的用地和房屋建设情况，与黄岩区农办主任戴庭曦（左三）讨论村庄资源特色和产业发展。研究生宋代军（右二）、过甦茜（右一）、常远（左一）和实习生袁苑（左二）等参加。沙滩村虽然历史悠久，但由于种种原因，年轻人常年外出打工，村庄人口年龄结构老化，内生动力不足，老街区块房屋破损严重，基础设施缺乏，传统风貌式微。历史文化积淀丰富的老村，既面临着普遍共性的衰退问题，也蕴藏着独特个性的发展机遇，需要通过深入调研和挖掘，找到老村振兴的关键。

**图 39 记** 2013 年 3 月 19 日上午，在屿头乡沙滩村，同济大学建筑与城市规划学院城市规划系副系主任杨贵庆教授（左一）和浙江省台州城建设计研究院院长朱持平（右一）交流沙滩村的调研感想。校地联合设计团队成员分成多个小组深入调查研究。面对人口规模萎缩、人口结构老化、内生活力不足、基础设施薄弱的乡村现实困境，只有开展深入调查研究，才能准确了解资源特点，了解村民意愿，才能找到乡村发展的突破口。是年，全国各地开展新农村建设，如何因地制宜、分类指导，规划先行，突出重点，统筹协调，是建设美丽乡村的关键。

**图 39** 美丽乡村规划小组深入调查研究。（图片来源：杨贵庆教授团队）

图 40　陈秉钊教授给屿头乡领导讲解乡村产业发展。（图片来源：杨贵庆拍摄）

**图 40 记**　2013 年 6 月 29 日上午，在上海市四平路同济大学杨贵庆教授工作室，陈秉钊教授（右一）对来访的黄岩区屿头乡领导讲解乡村产业发展的重要性。当日，屿头乡党委书记钟鹏鸥（右三）和乡长王欣东（右二）率屿头乡党政干部到上海，与同济大学黄岩美丽乡村规划教学实践团队师生共同讨论沙滩村等村庄规划和发展。陈秉钊教授指出：当城镇化率超过 50% 之后，传统的乡村文化、美丽乡村的建设、农业景观和田园风光将变为稀缺资源，这必将催生农村游、田园悠居的热潮，从而成为农村经济繁荣的新支点。

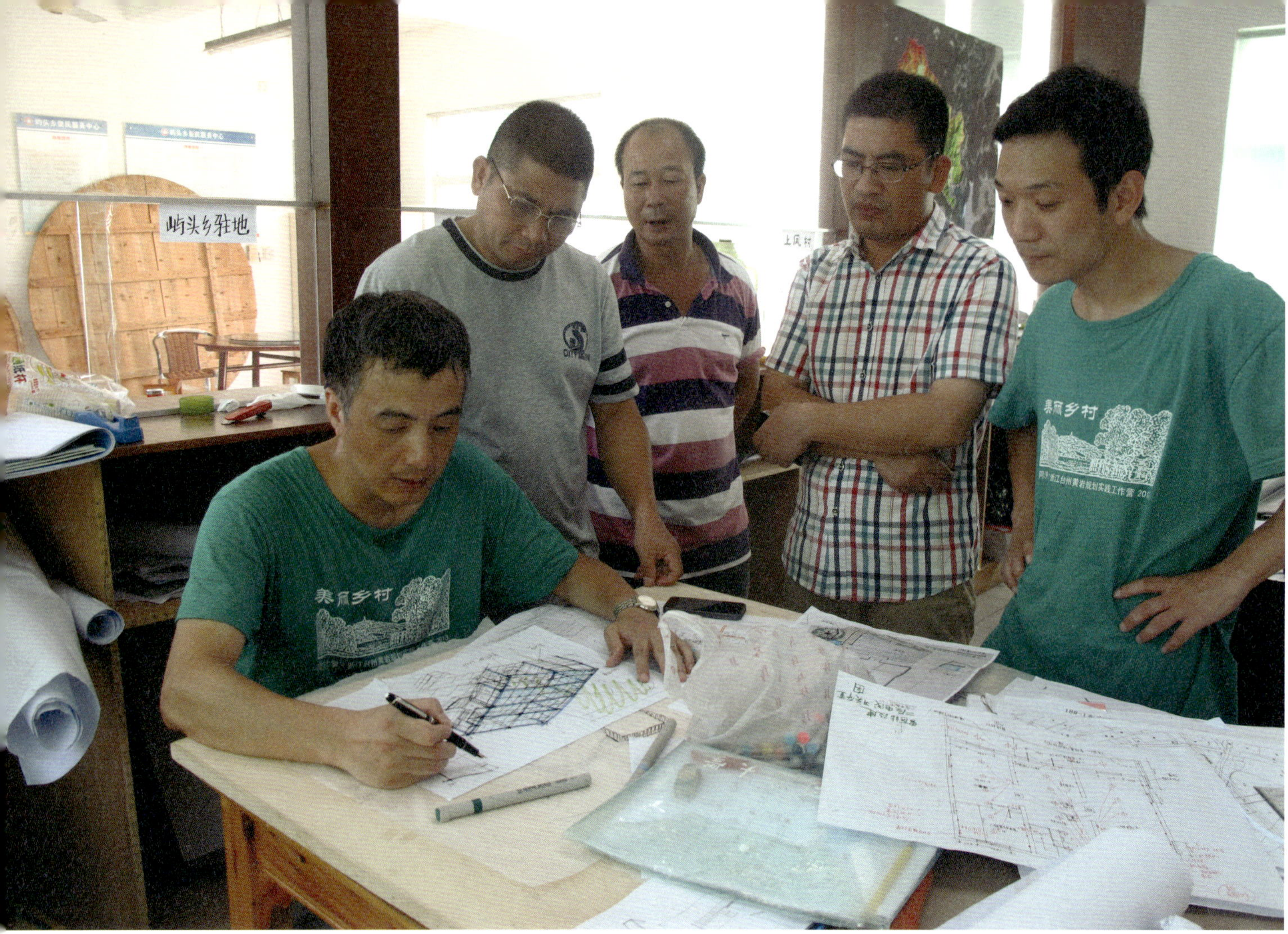


**图 41 记** 2013 年 8 月 6 日下午，在屿头乡人民政府机关食堂二楼临时搭建的美丽乡村规划项目现场办公点，同济大学教师杨贵庆（左一）和庞磊（右一），同屿头乡副乡长方国华（右二）和沙滩村干部一起，讨论沙滩村最先启动的产业发展项目“游客信息服务中心”。该项目利用沙滩村已废弃的曾建于人民公社时期的兽医站，通过内部功能更新和场地环境整体改造，将其转化为今后服务于沙滩村旅游产业的游客中心。杨贵庆正在手绘草图向大家说明老建筑改造的建筑方案效果和建筑结构方案设想。乡村产业发展规划是培育乡村内生动力的重要工作内容之一。

**图 41** 同济团队和屿头乡领导讨论产业发展项目。（图片来源：但梦薇提供）

**图 42** 屿头乡沙滩村四季采摘园产业项目踏勘现场。（图片来源：黄岩区屿头乡人民政府办公室）

**图 42 记** 2015 年 7 月，在屿头乡沙滩村四季采摘园项目现场，乡党委书记王欣东（右二）与同济大学杨贵庆教授（左二）讨论四季采摘园的项目落地安排。屿头乡方国华副乡长（左一）等一同参加。四季采摘园是沙滩村产业振兴的发展项目。基地内原是沙滩村村民几十户各自零散的枇杷园、蔬菜地或因无人种植打理而荒芜。沙滩村村委会通过让老百姓土地入股的方式，把产权和经营权分离，即个人产权性质不变，把经营权整合起来做成一个整体开发经营的项目。同济大学团队协助规划，因地势引入活水，分成渠道和水塘，建成一个可供游客观赏梨花和采梨的农旅、文旅项目。

**图 43 记** 2015 年 10 月 30 日上午，同济大学杨贵庆教授（左二）和屿头乡党委书记王欣东（左一）讨论四季采摘园项目建设。上海同济城市规划设计研究院助理规划师王祯（左三）、屿头乡党委组织委员茅国志（右一）和城建办袁伟达（右二）参加。四季采摘园项目规划综合考虑了沙滩村产业发展、乡村人居环境整治和文旅品牌塑造等多方面。园内的水系引自上游溪流的活水。由于采摘园面积相对较大，如果要保证新开辟的水系能自然流动，就要求溪流底部的高程设计和施工形成合理的落差。因此，在第一次开挖完成之后，需要先放水做试验，对于滞水的断面加以修整，以确保水流畅通。

**图 43** 屿头乡四季采摘园项目建设过程中。（图片来源：黄岩区屿头乡人民政府办公室）

图 44（上、下）　屿头乡沙滩村四季采摘园建成。（图片来源：黄岩区屿头乡人民政府办公室）

图 44 记　2018 年 8 月，无人机拍摄的黄岩区屿头乡沙滩村四季采摘园整体鸟瞰（上图），以及 2021 年 8 月无人机拍摄的采摘园局部和沙滩村鸟瞰（下图）。四季采摘园为沙滩村发展农旅、文旅产业打下了基础。它基于原来个体农户零散的果园菜地，在未改变土地使用性质和土地产权属性的前提下，通过整合土地经营权，统一规划，政府提供建设资金，建成后为村集体经济注入可持续增收的活力，成为共同富裕路径的有益探索。采摘园春节赏花、秋季摘果，常年可提供亲子自行车活动、团建活动，同时，它与沙滩村老街传统村落历史文化探寻之旅相互补充。此外，采摘园的管理维护，也为当地村民提供了就业增收的机会。

图 45 记　2015 年 11 月 12 日下午 2 点半，中共黄岩区委副书记陈建勋（左三）和同济大学杨贵庆（左四）等一行徒步踏勘“演太线”到达宁溪镇乌岩头古村村口。当天上午 9 时许，一行人从屿头乡沙滩村东坞出发，翻山越岭，途径了屿头乡前山头村、引坑村，宁溪镇蒋家岸村、五部村。屿头乡党委书记王欣东（左一）、宁溪镇党委书记胡鸥（左二）和区农办主任戴庭曦（右五）、沙滩村党支部书记黄官森（右二）和沙滩村村委会主任黄志洪（右一）、研究生王祯（右四）等一起参加。此行的目的是创新开辟一条徒步旅行线，串联沿线 4 个集体经济薄弱村，探索乡村脱贫致富新路径。

图 45　第一次全程踏勘“演太线”的队员结束后在乌岩头古村村口合影。（图片来源：黄岩区宁溪镇人民政府办公室）

图 46 徒步“演太线”助力集体经济薄弱村脱贫攻坚。（图片来源：肖颖禾提供）

图 46 记 2018 年 8 月 18 日下午，在“演太线”的屿头乡一段，杨贵庆（前左）和区农办主任戴庭曦（前右）带领同济师生团队、黄岩区农办和乡镇村的工作人员，翻越了山岭，进入引坑村村口。当日，天气炎热，徒步者汗流浃背，衣衫湿透。为了尽快让黄岩西部山区的集体经济薄弱村脱贫，2016 年年初，黄岩区委区政府决定支持开辟“演太线”工程。作为加快城乡要素双向流动的示范性项目，一方面引入城市徒步旅行活动，让更多城市人领略黄岩西部绿水青山；另一方面得以让藏在“深闺”的山村特色农林资源和自然景观资源发挥效益，促进村民增收。

图 47 “演太线”砖。（图片来源：杨贵庆拍摄）

**图 47 记** 2020 年 3 月 28 日，在屿头乡沙滩村东坞“演太线”出入口徒步道上，一块“演太线”砖和旧石板、溪坑石组合铺砌的地面。“演太线”取名来自“演教寺”和“太尉殿”名称第一个字。演教寺始建于三国时期（已毁），位于宁溪镇蒋家岸村的旧寺岙。太尉殿始建于南宋，位于屿头乡沙滩村老街。“演太线”砖经同济团队专门设计，“丙申 2016”是标注建设年份，用英文“Beautiful countryside”（美丽乡村）表达中国美丽乡村的国际眼光和多元包容。砖体材质坚固，耐腐蚀性较强，按每 5 米左右铺设一块的原则，具体位置和朝向随机。通过对自然环境最少的人工干预，由“演太线”砖为徒步旅行者提示方向。

图 48 徒步“演太线”将走出一条共同富裕的道路。（图片来源：中共同济大学建筑与城市规划学院党委研究生第八支部）

图 48 记 2019 年 9 月 27 日中午时分，在黄岩西部“演太线”屿头乡前山头村，同济大学建筑与城市规划学院研究生党支部的同学们正在行进中。“演太线”是穿越自屿头乡沙滩村至宁溪镇乌岩头古村的一条山路，途径屿头乡前山头村、引坑村，宁溪镇的蒋家岸村、五部村。由于地处偏僻，交通不便，在“演太线”开辟之前，这些村都是集体经济年收入不足 10 万元的薄弱村。“演太线”将导入外部要素，发掘山村资源和价值。通过“创造性转化、创新性发展”，活化传统农耕文明积淀的各种资源，“演太线”着力探索一条“绿水青山就是金山银山”的黄岩共同富裕路径。

图49记　2020年4月18日，在屿头乡沙滩村社戏广场，参加“追着阳光去台州——百名台州人徒步‘演太线’（黄岩首发团）”活动的成员合影。此项活动的主办方是黄岩区屿头乡政府、黄岩文广旅体局，由浙江华夏国际旅行社承办。自2016年“演太线”开辟建设之后，串联了多个集体经济薄弱村，实现精准扶贫。“演太线”的开辟标志了乡村农业空间用途的历史性转变，即从传统的生产型功能转向兼具消费型功能。农业空间用途向多样化的供需关系转变，绿水青山所具有的生态品质提供了环境服务功能的新型消费类型。

图49　百名台州人徒步“演太线”（黄岩首发团）活动举行。（图片来源：黄岩区屿头乡人民政府办公室）

图 50　屿头乡沙滩村太尉殿名闻遐迩，常年吸引游客，促进当地旅游。（图片来源：杨贵庆拍摄）

**图 50 记**　宋朝台州十大名儒之一的黄超然于其晚年元代元贞元年（1295）为沙滩村忠应庙（也称太尉殿）撰文立碑，记述其曾叔祖黄希旦弱冠而卒，因功被供奉于黄太尉殿，该殿后来被赐额“忠应”，并扩建为忠应庙的事迹[7]。黄希旦虽弱冠而卒，但黄氏后人却将他视为太祖爷，世代流传着他在皇宫英勇救火的故事。至今每逢农历十月初一村里还保留祭太祖爷的习俗，家家户户用好酒好菜供奉太祖爷，排起长龙队伍，敲锣打鼓走老街，再进入太尉殿进行祈拜，以求太祖爷保佑一年风调雨顺、人事兴旺。太尉殿大门“忠应庙”匾额下书对联：一勺奠柔川恩被梓里，千秋歌圣德绩著枫宸。

**图 51（上、下）** 屿头乡沙滩村兽医站改造成游客服务中心。（图片来源：杨贵庆教授团队）

**图 51 记** 2013 年 3 月，屿头乡沙滩村太尉巷巷口原废弃的兽医站（上图），经过改造成为屿头乡国家 4A 级景区“柔川景区”的游客服务中心（下图）。2021 年 5 月 25 日，“柔川宋韵研学基地”在沙滩村成立，更丰富了屿头乡沙滩村文化旅游产业内涵。在改造过程中，原兽医站的主体结构予以保留，并保留了斜坡平台，甚至连赶牲口进入兽医站的通道也予以保留作为花坛使用。为了安全使用，在原有二层 1.5 米挑台的下方增加了钢架立柱。游客中心兼具为游客提供信息服务、特色农产品电商平台等功能，并作为沙滩村文化礼堂的组成部分，室内预备了开设茶座、咖啡吧或酒吧等商业休闲功能。

图 52（上、下） 屿头乡沙滩村老乡公所改造为乡村酒店，提供乡村就业岗位、带动乡村产业发展。（图片来源：杨贵庆教授团队）

**图 52 记** 屿头乡沙滩村原乡人民政府驻地经过改造，“变身”为“枕山酒店”。改造前，乡人民政府驻地原办公功能已迁至屿头乡集镇新区，原办公楼和院子场地闲置，或不定期地租赁给低效低质的加工企业，环境脏乱差问题突出，房屋设施损坏严重（上图）。经过同济大学教授团队指导，当地对原房屋内部结构加固或更换改造，注入住宿、配套餐饮功能。改造过程中强调原有建筑立面风貌的保护和有机更新，留住乡愁（下图）。引入黄岩区国有企业“黄岩交通和旅游投资集团”注资改造，并由其负责经营保障服务品质。该项目使得乡、村集体经济资产增值，为当地提供就业岗位，带动农产品消费，多渠道使村民增收。

图 53　由原乡人民政府驻地改造的乡村酒店内院。（图片来源：杨贵庆拍摄）

图 53 记　2019 年 10 月 10 日，屿头乡沙滩村枕山酒店内院一景。枕山酒店的前身是乡政府办公所在地，后因乡政府迁至集镇新区而闲置，在租赁给小散低质加工企业期满之后，由乡政府收回。在同济大学教授团队指导下，此处被改造成包含住宿、餐饮等功能的场所，为发展屿头乡旅游产业提供服务配套设施。在改造过程中，同济大学建筑与城市规划学院建筑结构专家陈保胜教授受邀到现场检查了原有建筑的结构安全情况并给予了改建方案指导。原先外墙砖围护结构被保留了下来，并采用当地大石板铺砌内庭院，形成了一种质朴且具有 20 世纪七八十年代乡愁怀旧的风格。

图 54（上、下） 屿头乡沙滩村老街区块枕山酒店旅游配套设施建设。（图片来源：杨贵庆拍摄）

图 54 记 2019 年 10 月，改造后的枕山酒店大堂（上图）和大堂上部二层的餐厅（下图）。屿头乡沙滩村老街区块改造过程中，由黄岩区交通和旅游投资集团出资，在屿头乡政府支持和沙滩村村委协助下，通过功能注入，把原乡政府闲置的办公区改造成为具有旅游接待功能的乡村酒店。黄岩交旅投集团负责营运，取名为“蝶来三舍·枕山”，是枕山酒店的系列品牌。这一酒店向邻近的村庄招聘服务人员，包括酒店前台、餐厅厨师、卫生保洁、门卫保安等多个岗位，同时，酒店收购邻近村民种植的农产品和季节性特色瓜果，带动了当地村民在家门口就业和增收。

图 55（上、下） 屿头乡兽医站原牲口棚的改造。（图片来源：杨贵庆教授团队）

图 55 记 2013 年 3 月，屿头乡沙滩村原兽医站院子北侧的牲口棚（上图），在同济大学教授团队指导下，注入新功能，转型成为兼具展示、小型会议、培训等多功能的场所。改造过程中，保留其北侧的石头砌筑的墙体，以及入口处的两个砖砌柱子（下图）。院子用旧石板铺砌地面，形成了一处具有浓郁乡村风貌的公共活动场地。乡村空间环境的改造和利用，宜采用因地制宜、逐个分析的方式，把旧有资源的特点和村庄问题分析透彻，从安全性、适用性的角度，通过有机更新、适当保留兼具功能性的构件，把传统风貌、乡土特色和现代使用功能有机结合，从而承载新的乡村产业发展的需要。

图 56 屿头乡沙滩村兽医站原牲口棚改造成共富客厅。(图片来源:杨贵庆拍摄)

**图 56 记** 2021 年 12 月 2 日，在屿头乡沙滩村游客中心，院子北侧由原牲口棚改造成的共富客厅项目竣工。它利用了原来废弃的牲口棚（图 55）设施和场地改造而来，保留的两根砖柱作为新建墙体的“构造柱”发挥作用。该建筑活化了闲置的用地资源，既不占用新的建设用地，也不需要征用村民土地。建成后的共富客厅，主要功能是通过多媒体展示屿头乡沙滩村和邻近山村的特色农产品资源以及黄岩西部文旅项目规划建设信息，建立城乡要素资源的信息通道，并建立分散农户、零散果园和城市远程消费的数字化链接平台，精准对接个体生产和个性化消费，切实增加农户收益。

**图 57 记**　2021 年 12 月 2 日，在屿头乡沙滩村游客中心的院内，防腐木质的休闲桌椅和地板，与保留的石头砌筑的围墙、部分保留的牲口槽等，构成了一处宜人的室外休闲空间。场地改造由同济大学城市规划系教师庞磊设计，把原兽医站院子内赶牲口的槽板和堆场统一改造，因地制宜地转化成室外休闲场地，与室内的游客中心环境形成一个整体。室内预留的茶室、咖啡吧和酒吧等商业经营空间，可以延伸到室外，并通过大石块砌筑的矮墙可以眺望其东南侧的太极潭。既有闲置建筑空间环境的适应性改造，不仅可以充分利用原有的资源，降低能耗，而且也传承了风貌，留住了乡愁。

**图 57**　屿头乡沙滩村游客中心的院内休闲空间。（图片来源：杨贵庆拍摄）

图 58（上、下） 屿头乡沙滩村老街的业态逐渐丰富。（图片来源：杨贵庆拍摄）

图 58 记 2021 年 12 月 3 日早晨，屿头乡沙滩老街的几个特色食品店铺忙碌起来（上图），“小丫炊圆”的厨房已经备好了为中午订单的半成品（下图）。在地方政府给予老街经营户一定的政策支持下，“小丫炊圆”“阿玲馒头”“雪芳馒头”等特色点心铺开张经营。店铺外立面保留老街传统风貌格局，内部装修适应食品加工的卫生要求和便捷性。老街店铺不仅为沙滩老街的旅游发展提供了支持，同时也产生了示范带动效应。店铺订单量大的时候，邻近村民也被叫来帮忙。纯正手工制作的点心，不仅是一种食品，而且其制作工艺的特色，也成为地方非物质文化遗产的一种类型。

图 59（上、下） 屿头乡沙滩村社戏广场成为文旅产业的舞台。（图片来源：上图，杨贵庆拍摄；下图，屿头乡人民政府办公室）

图 59 记 2021 年 12 月 2 日，屿头乡沙滩村老街社戏广场，清晨第一缕阳光照耀在舞台上（上图）。2013 年年初沙滩村美丽乡村规划实施，通过“点穴启动”，清理多处散乱的室外茅厕，新增社戏舞台、公共厕所和休息路廊，辟出尺度宜人的广场，成为沙滩老街的“客厅”。社戏广场的三面有建筑依托，一面开敞，面向远处青山。由于社戏广场空间的免费使用，加上免费使用的邻近公厕和停车场的便利，特别是有着南宋太尉殿和沙滩老街的历史文化底蕴，受到旅行团青睐。它已成为沙滩村开拓文旅产业的平台，各类文旅活动纷至沓来。少年儿童游学项目在此举办（下图），焕发了沙滩村老街的生机。

图 60（上、下） 文旅产业为沙滩村注入新动能。（图片来源：黄岩区屿头乡人民政府办公室）

**图 60 记** 2021 年 4 月 8 日下午，在屿头乡沙滩村老街上，参加传统村落游学的少年儿童正在组队活动（上图）。在雁荡山余脉括苍山下，屿头乡沙滩村历史文化村落在新时代焕发出生机，得益于美丽乡村建设和乡村振兴战略的持续实施推进。沙滩村以深厚的历史文化底蕴、特色传统风貌和宜人的空间环境，吸引越来越多的文旅机构开展活动，带起老街的人气，为沙滩村产业发展注入新动能。“文化定桩”为屿头乡沙滩村文旅产业奠定了特色和基础，成为“文化经济化、经济文化化”的实施范本。位于沙滩村老街头上的社戏广场，是游客集散和各类文化集市演出活动举办的理想之地（下图）。

**图 61 记**　2019 年 12 月 25 日，屿头乡沙滩村，同济·黄岩乡村振兴学院（北校区）教学区一景。它是由原乡卫生院（门诊部楼、卫生院职工宿舍）改造而来。由于原功能已迁至新区，此处房屋被弃置，质量破旧，环境脏乱。2018 年 2 月“同济·黄岩乡村振兴学院”揭牌成立，此处作为振兴学院教学区进行改造。原来两侧房屋主体结构和砖砌外墙被保留下来，内部重新划分，设小教室、小型会议室和办公室等。院子中间北侧的破损构筑，被改建成一处两层教学空间，其中底层是中型会议室，二层是报告厅。教学区也向社会开放，为屿头乡沙滩村发展乡村文旅、教旅、乡村会议等产业提供基础。

**图 61**　同济·黄岩乡村振兴学院（北校区）所在地的屿头乡沙滩村教学区。（图片来源：杨贵庆拍摄）

**图 62（上、下）** 同济 · 黄岩乡村振兴学院（北校区）吸引多个机构挂牌，促进城乡要素流动。（图片来源：杨贵庆拍摄）

**图 62 记** 同济 · 黄岩乡村振兴学院（北校区）教学环境吸引了众多机构挂牌，举办各类活动，促进了城市要素向乡村流动，带动了乡村资源的产业转化。学院底层中型会议室墙上挂牌的机构有（上图，自上而下）：天目融媒体学院台州（黄岩）学院，上海国有资本运营研究院黄岩教学点（2019 年 4 月），浙江省委党校、浙江行政学院现场教学基地（2018 年 10 月），黄岩区文旅特色研修基地（2020 年 8 月）。因需挂牌的机构较多，不得不加以限制，否则墙面会显得较乱。二层报告厅（下图）宽敞，简洁大方，可同时容纳 80 人上课。自学院成立至 2019 年年底，共承接全国各地培训班和考察团 477 批次，接待人员 12784 人。

**图 63 记**　2020 年 11 月 5 日上午，在屿头乡沙滩村“同济 · 黄岩乡村振兴学院（北校区）”讨论室，来自黄岩区文广体旅局、黄岩区交通与旅游投资集团、屿头乡党委政府和地方设计机构人员，就屿头乡文旅发展项目的规划设计方案征求同济大学杨贵庆教授（图中坐者左三）的意见。乡党委书记陈康（图中坐者左四）、黄岩区交通与旅游投资集团董事长徐之浪（图中坐者左五）等对柔极溪两岸的乡村产业和村庄联动发展提出了建议。对于分散的村落，如何串点连线，形成文化旅游精品路线，从而带动沿线村庄的品质提升和村民增收，是乡村产业振兴的重要内容。

**图 63**　黄岩区屿头乡文旅发展项目多方交流。（图片来源：黄岩区屿头乡人民政府办公室）

图 64　同济大学杨贵庆教授与黄岩区和宁溪镇领导讨论乌岩头产业发展。（图片来源：黄岩区宁溪镇人民政府办公室）

图 64 记　2015 年 3 月 11 日下午，在宁溪镇乌岩头古村，同济大学杨贵庆教授（右三）向宁溪镇党委书记车献晨（右一）和区农办主任戴庭曦（右二）等汇报古村和新村联动发展的规划思路。乌岩头古村被列入浙江省级历史文化村落保护利用重点村，根据相关政策，重点村可获得 15 亩建设用地指标，用于安置因历史文化村落保护利用工作需要搬迁的村民住宅建设。乌岩头村的规划设计将综合考虑安置村民住宅的新区和古村的总体布局，优化道路连接，提前安排停车场地设施规划建设，同时考虑敷设古村污水管网等基础设施与新区联通，为乌岩头古村今后的旅游发展打好基础。

**图 65 记**　2012 年 8 月 3 日，黄岩区宁溪镇乌岩头古村沿溪的房屋旧貌。我国山区传统村落，由于交通条件不便、经济落后，在快速城镇化进程中，大多面临青壮年人口流失、年龄结构严重老化、房屋年久失修、基础设施缺乏、内生动力不足等共性问题，黄岩西部山区也不例外。乌岩头古村改造前只剩 3 户村民，已近乎“空心化”，村庄凋敝严重。之前由于小型机动农用车、摩托车通行的需求，石块铺砌的山道已被水泥抹平，村庄整体风貌蚀损。要使得像乌岩头古村这样的传统村落再生并不是一件容易的事，必须要从村庄内生动力和活力方面找到出路，通过产业发展培养“造血机能”。

**图 65**　乌岩头古村改造前内生动力不足。（图片来源：黄岩区宁溪镇人民政府办公室）

图 66　乌岩头古村改造后注入产业功能。（图片来源：杨贵庆拍摄）

图 66 记　2018 年 12 月 27 日，宁溪镇乌岩头古村沿溪房屋改造后的景象。得益于浙江省历史文化村落保护利用重点村配套建设用地指标政策，通过置换，规划一处邻近安置区，把愿意置换外迁的村民房屋进行统一规划。结合古村空间特质，规划以“民国印象”为主题，营造“艺术村落”氛围，以此来确定房屋的使用功能，并配置给水、污水、电力等基础设施。与图 65 对比看，传统风貌“修旧如故”，沿溪房屋注入了时尚茶吧、酒吧、艺术工坊、教学基地等多项功能。采用旧石板铺砌沿溪步道，乡土风味浓郁。改造后，古村常年吸引文创活动举办，增加了村集体经济收入和村民收益。

图 67 记　乌岩头古村老旧房屋改造前（右图）和改造后（右图）比照。左图是 2013 年 12 月拍摄的房屋破败的状况。由于年久失修、常年空置，加上黄岩山区台风季节对老旧房屋损毁严重，因此，乌岩头古村的村民房屋大多破败。传统大家族社会关系瓦解，如果"修旧如旧"，无法让古村起死回生。通过"修旧如故"和"旧瓶装新酒"的理念，把当下的新功能注入老村房屋改造，在城乡要素双向流动的过程中，发挥民间资本的作用，将是古村再生的新路。右图拍摄于 2016 年 8 月，初步改造完成的房屋外观，保持了沿溪流的空间界面和节奏，"脱胎"于旧屋的改造效果立刻获得了投资租赁者的青睐。

图 67（左、右）　乌岩头古村房屋改造后吸引民间资本租赁经营。（图片来源：黄岩区宁溪镇人民政府办公室）

图 68（上、下） 乌岩头古村“呆吧”成为传统村落保护利用的新模式。（图片来源：杨贵庆拍摄）

图 68 记 2016 年 8 月，乌岩头古村“呆吧”对外开放。这是由 7 间老房子改造而成的休闲茶吧（上图），原规划设计意图是作为影视主题酒吧，呼应乌岩头艺术村落和影视基地功能。租赁人李女士来自黄岩城区，将其定名为“呆吧”。她在接受中央电视台记者采访时说到这是“适合人家过来喝喝茶、看看书”的地方，意为“自在生活，生活呆吧”。反映了当下不少城市人内心世界的价值追求。传统村落周边的山林、溪流和古色古香的传统民居，能使城市人匆忙的节奏慢下来。城市要素的反向流动，将成为传统村落保护利用的新模式。呆吧进口处的双扇木门是由杨贵庆教授专门为此处设计的（下图），是从地方旧家具中获得的灵感。

图 69（上、下） 乌岩头古村入口处小广场改建前后比照。（图片来源：杨贵庆拍摄）

图 69 记 2016 年 5 月，乌岩头古村入口处小广场建成（上图）。小广场的两侧是村民住宅，目前仍然有村民居住。正对的房屋通过改建，转化为“见素”工坊，有新村民入住，举办面向少年儿童的陶艺制作、扎染等培训艺术活动。远处是层峦叠嶂，山峰与小广场形成了较好的对应。小广场上植种了一棵柿子树，期待着冬日暖阳下冻红的挂果。小广场铺地的一侧，设计建造特别考虑了可供轮椅车通行的坡道，顺此坡道可通往古村中心的乌凤阁和民俗博物馆。村口的改造为营造文旅活动、培育产业内生活力奠定了基础。改造之前此处是一块荒芜杂乱的空地（下图），同一角度看到远处的山峰，但今非昔比。

图 70（上、下） 乌岩头古村村口的竹隐泉民宿改建前后比照。（图片来源：杨贵庆拍摄）

图 70 记 2015 年年初乌岩头古村开始实施保护利用工程，村民看到了古村落未来发展的希望，投资把破旧房屋改造成民宿。其中，原村委会主任陈元彬投资改建了位于村口的一幢旧屋，并自己取名为“竹隐泉民宿”。改造前的旧屋（上图，2013 年 12 月）已十分破败，底层只有 2 间可居住，二层破损已无法住人，建筑风貌与古村整体风貌不协调。改建后的民宿（下图，2018 年 9 月）其建筑布局严格按照原有住宅的占地和朝向，内部功能已更新，底层用于餐厅和厨房，二层设有 6 间客房，三层局部用于自住。改建后民宿主体结构为钢筋混凝土框架结构，而外侧檐廊采用木柱和木门窗，使得建筑风貌与古村整体风貌相协调。

图 71 记　2020 年 11 月 3 日，在宁溪镇乌岩头古村村口，竹隐泉民宿沐浴在清晨的阳光下。它是乌岩头古村一家有着餐饮和住宿功能的民宿，由原来担任过村委会主任的陈元彬投资建造并经营。夫妻两人亲自忙碌打理民宿业务。在他的带领下，乌岩头村又跟上另外两家民宿。随着“同济·黄岩乡村振兴学院（南校区）”在乌岩头村落户，国企黄岩交旅投集团的“枕山酒店”建成并对外经营。传统村落旅游兴起。特别是乌岩头古村保护利用经验在中央电视台和多个省级媒体宣传报道之后，参观考察和游客络绎不绝，促进了邻近村民自种农产品的销售，增加了收益。

图 71　乌岩头古村村口“竹隐泉民宿”为古村旅游提供餐饮服务设施并带动村民增收。（图片来源：杨贵庆拍摄）

图 72（上、下） 乌岩头古村内“乌岩头民宿”助力乡村旅游。（图片来源：黄岩区宁溪镇人民政府办公室）

图 72 记 乌岩头古村的老旧房屋改造需要一个明确的方向，即改造之后作为怎样的使用功能。如果只是“修旧如旧”，那么原有的住宅布局和设施已经无法满足当今的家庭结构和现代宜居生活要求。在“旧瓶装新酒”的理念指导下，通过注入新的使用功能，植入能够满足现代化宜居生活水平的设施，例如室内卫生间，舒适的淋浴设施，良好的室内自然采光等，打破原来房屋单间分隔的局限，为利用传统村落探索一条新路径。乌岩头古村中心区块的原先一整排单间分隔的房屋被整体加以改造（上图，2015 年 9 月），被本地村民投资改建成包括餐饮和住宿功能的“乌岩头民宿”（下图 ,2016 年 8 月），为古村旅游提供了服务设施。

**图 73 记**　2017 年初夏，宁溪镇乌岩头古村内，乌岩头民宿在晨曦中静谧地迎来新的一天。作为浙江省级历史文化村落保护利用重点村，乌岩头古村的保护利用工程不断向纵深推进，获得了中央电视台和省级媒体的宣传报道，引起了社会广泛关注，增加了古村的知名度，也为古村带来了人气。乌岩头民宿为游客提供了餐饮和住宿服务，同时，游客也带来了创业增收机会。因此，具有历史文化底蕴的传统村落、大自然赋予的绿水青山，再加上卫生整洁的环境、和善的经营，定能带来持续不断的经济收益，实现共同富裕的目标。

**图 73**　乌岩头古村中的“乌岩头民宿”提供村民创业增收机会。（图片来源：黄岩区宁溪镇人民政府办公室）

图 74　乌岩头古村村口一间闲置的杂物房被改造为小卖部。（图片来源：杨贵庆教授团队）

图 74 记　2015 年年初，在乌岩头古村村口的老石桥边，一间闲置的杂物房由于常年空置，建筑破损严重（左图）。在同济大学团队指导下，通过整体谋划，统筹考虑传统村落产业发展。经过评估和产权调研，认为这一处位置对今后古村旅游来说是一个较好的市口，可以注入小卖部功能。通过产权置换或购买，将其收归集体，改造后的房屋通过租赁，每年可为村集体创造一份较为稳定的收益。确定好这一定位后，杂物房改造有了方向，设计方案也有了依据。改造后小卖部占地面积不变，总体风貌一致，但适当增加层高，采用玻璃窗扩大采光面，满足使用功能（右图）。

图 75 记　2018 年 12 月 27 日，在乌岩头古村内的“同济·黄岩乡村振兴学院（南校区）”多功能教室，室外的光线从山林一侧洒入。2018 年 2 月“同济·黄岩乡村振兴学院”成立后，乌岩头古村这一处破败的三合院，通过整合资源，按原有空间肌理改造成乡村振兴学院的教学区。多功能教室内桌椅摆放不固定，也可搬移桌椅，作为席地而坐的瑜伽或冥想的场所，让城市人在静谧山林中放空身心。这一教学区的空间和设施同时也面向社会机构，通过租赁使用的方式，为村集体经济提供来源。它也可由黄岩区交通旅游投资集体承接经营，村集体入股，每年分红为村集体经济增加收益。

图 75　乌岩头古村“同济·黄岩乡村振兴学院（南校区）”多功能室。（图片来源：杨贵庆拍摄）

图 76　乌岩头古村“同济·黄岩乡村振兴学院（南校区）”的乡村艺术展示中心。（图片来源：杨贵庆拍摄）

**图 76 记**　2020 年 11 月 4 日，乌岩头古村的乡村艺术展示中心，正在举办“与祖国同行·以科教济世”为主题的“同济·黄岩乡村振兴规划建设回顾展（2013—2020）”。展厅四周的石砌墙体是原有房屋保留下来的，内部则采用了新的钢结构柱网，以便形成流通的大空间，注入新的使用功能，新旧结合，物尽其用。乡村艺术展示中心的硬件设施，支撑了乌岩头古村成为“艺术村落”的定位。在小山村举办乡村主题的绘画和摄影艺术展览、小型演讲会。展览时艺术家的作品可设置二维码销售。这一场所为城乡要素流动提供了平台，增加村民就业机会和集体经济收益。

图 77 记　2020 年 9 月 4 日，宁溪镇乌岩头古村“同济 · 黄岩乡村振兴学院（南校区）”教学区的院落，明媚阳光在院落的大石板铺地上留下屋顶的影子。古村改造以原有空间格局和街巷肌理为基础，顺应地势，高低跌落布置房屋。注重房屋院落之间外部空间的关联性，留出每幢房屋底层与前后院落的联系通道，以支撑“艺术村落”主题活动或游客参观的贯通流线。改造房屋采用钢和木材相结合方式，钢柱框架结构方便内部空间灵活分隔。二层屋顶采用三角形大跨钢架，既可形成屋顶双坡形式，又可保证二层大空间使用，以满足城市要素导入租赁经营，培育乡村内生动力。

图 77　乌岩头古村“同济 · 黄岩乡村振兴学院（南校区）”设施环境。（图片来源：杨贵庆拍摄）

图 78（上、下） 乌岩头古村内的乌凤阁成为文创、文旅活动的中心。（图片来源：黄岩区宁溪镇人民政府办公室）

图 78 记 上图是乌岩头古村改造之前的房屋破败景象（2013 年年底），下图是改造之后乌凤阁一景（2016 年 6 月），同一地点、同一角度。此处原是村民宅基地，置换之后，改造为开敞的两层楼阁，成为一处多用途的公共活动空间。“乌凤阁”牌匾由杨贵庆题书，“乌”字源于“乌岩头”首字，“凤”则寓意“山村飞出凤凰”之意，同时题写了对联：“乌岩拜天溪水卧古往增岁，凤凰朝阳山林飞今来添秋。”规划目标是今后形成乌岩头传统村落的“乡村音乐节”品牌，即每年深秋时节，举办乡村音乐节，包括宁溪镇“二月二作铜锣”非遗作品演奏在内的中西音乐交汇，赋予古村独特清丽的山村气质，为古村带来持续的文化经济效益。

图 79 记　2016 年 6 月宁溪镇乌岩头古村（核心区）建成后，其传统村落空间魅力吸引了多家机构举办丰富的文化创意活动，助推了乡村产业发展。图（上左）是宁溪镇省级非物质文化遗产项目“二月二做铜锣”在乌凤阁广场演出，影视明星到场拍摄节目；图（上右）是射术文创活动，并联合了黄岩区春泥计划活动（上中）；“感恩知礼、见证成长”的成人礼活动，让传统服饰和古村落风貌相得益彰（图下左）；“见素艺术工坊”，常年举办面向少年儿童的中国传统文化艺术研习活动，小朋友们在此可体验陶艺制作（图下右），并在老师指导下了解传统扎染工艺（图下中）。

图 79（上、下）　乌岩头古村的传统村落气质吸引了丰富的文创活动，培育文旅产业发展。（图片来源：黄岩区宁溪镇人民政府办公室）

**图 80**　实地调研北洋镇农业特色小镇的资源现状。（图片来源：黄岩区农办）

**图 80 记**　2016 年 7 月 29 日，在黄岩区北洋镇，中共黄岩区委副书记陈建勋（前左）和同济大学杨贵庆（前右）在烈日下骑单车调研北洋镇农业特色小镇的资源情况，助理规划师黄璜硕士紧随其后。北洋镇是黄岩区中部地区的大镇，农产品资源丰富，特色农产品具有优势。以现代农业特色小镇为目标，把资源现状梳理清晰，找到特色农业资源、村庄产业发展、乡村人居环境建设、历史文化村落保护利用等相结合、联动发展的路径，全面提升北洋镇美丽乡村产业兴旺的整体水平。区委副书记“督战”，第一线了解优势和困难，在调研过程中开展讨论交流，当即形成初步的发展思路。

图 81 记　2016 年 7 月 29 日，在北洋镇潮济村美丽乡村工作站，中共黄岩区委副书记陈建勋（左二）和同济大学杨贵庆（左一）讨论农业特色小镇的旅游观光“小火车”规划线路。是日，在实地骑行调研（图 80）的基础上，陈建勋副书记和大家一起讨论确定整体规划方案布局和近期建设项目的可行性。美丽乡村建设中，产业兴旺是乡村可持续发展的内生动力。以乡镇为单元，谋划产业发展方向，优化产业空间布局。只有把乡村产业经济发展、社会文化特色、空间环境品质提升等“三位一体”整体发展，把分散的村庄形成网络、凝成合力，才能提升产业能级效应。

图 81　实地开展农业特色小镇的方案研究。（图片来源：黄璜提供）

图 82　杨贵庆指导黄岩区北洋镇“农业特色小镇”规划建设。（图片来源：蔡言提供）

**图 82 记**　2016 年 8 月，在北洋镇绿沃川农场，同济大学杨贵庆教授（左二）正在向大家讲述创建北洋镇农业特色小镇的构想。区农办主任戴庭曦（左一）和北洋镇领导一起参加讨论。绿沃川农场董事长朱利宾（左三）交流了其公司的发展设想。杨贵庆指出，应站在黄岩区全域整体发展高度，推进黄岩中部地区特色农业高效发展，将特色农业和美丽乡村规划建设相结合，形成多功能互补联动。同济团队提出了农旅结合的公共体验廊道建设的创新布局方案，采用多个橄榄型的有机仿生空间形态，植入多功能的游客集散中心，不仅满足企业用工需求，而且带动邻近村民在家门口就业。

图 83 记　2017 年 7 月 27 日，在北洋镇绿沃川农场，农业特色小镇公共体验廊道实施完成。公共体验廊道集绿沃川特色水培有机蔬菜、室内升降型草莓采摘、现代农业种植技术作业参观、农业种植技术培训，以及大众化的农业观光旅游等为一体，延伸了农产品生产的产业链和价值链。同济大学杨贵庆教授团队指导设计的橄榄形仿生壳，采用弧形钢结构框架形式，建筑底层架空距地面 80 厘米。弧形大跨结构内部形成了大空间，可举办各类涉农主题的活动。建成之后，绿沃川吸引了大批城市居民周末游，举办亲子活动，培养儿童接近农作物的兴趣，企业品牌因此获得广泛积极影响。

图 83　“绿沃川农场”公共体验廊道规划方案落地建成。（图片来源：蔡言拍摄）

图 84　黄岩贡橘园“贡橘舫”建成揭牌。（图片来源：黄岩区南城街道办事处）

**图 84 记**　2018 年 1 月 17 日，在南城街道蔡家洋村，参加黄岩贡橘园“贡橘舫”建成揭牌的领导嘉宾留影。中共同济大学党委宣传部部长朱大章教授（左三）和中共黄岩区委副书记徐华（右三）共同为贡橘舫揭牌。区农办主任朱世聪（右二），南城街道党工委书记陈虹（左一）和办事处主任汪雄俊（右一），同济大学杨贵庆教授（左二）参加。贡橘舫是一幢两层木结构的开敞式建筑，是贡橘园“田园综合体”场地内建成的第一个文化地标。其功能是为村民和游客提供一处休闲、交流的场所。它的建成，为提升蔡家洋村柑橘品牌价值、振兴当地乡村产业将起到积极作用。

图 85 黄岩贡橘园在柑橘节期间举办柑橘特色产品展销活动。（图片来源：王艺铮提供）

**图 85 记** 2018 年 11 月 17 日，在南城街道蔡家洋村的黄岩贡橘园“田园课堂”橘叶亭下，正举行柑橘节特色产品展销。黄岩贡橘园“田园综合体”一期（即贡橘园南入口区域）建成。此项工程带来了两大效应：一是落实了黄岩区委、区政府关于振兴黄岩蜜橘品牌的战略，扩大种植面积、提升蜜橘品质、宣传蜜橘文化，把它作为带动乡村产业振兴的驱动力；二是以贡橘园建设为契机，带动邻近村庄综合环境整治，清洁美化家园。一期建设所在的蔡家洋村，在街道办事处党工委和村两委干部群众共同努力下，村容村貌发生了“脱胎换骨”式的改变，让村民对村庄未来发展信心倍增。

图 86　黄岩贡橘园“田园综合体”注重乡村集体经济发展。（图片来源：黄岩区南城街道办事处）

图 86 记　2020 年 8 月 12 日上午，在南城街道蔡家洋村的同济大学美丽乡村规划教学实践基地南城工作室，街道党工委书记陈虹（中）和办事处主任汪雄俊（右一），与同济大学杨贵庆教授（左一）讨论如何通过田园综合体带动村集体经济增长。近年来，通过功能驱动，贡橘园项目带动乡村产业经营模式创新，鼓励蔡家洋村新增柑橘合作社，增加村民在家门口就业，引导“贡橘文化 + 柑橘品质 + 文创旅游”的深度融合，谋划举办高层次柑橘节，以体验式农业旅游提升蜜橘采摘销量。蔡家洋村集体经济收入实现平稳快速增长，从 2017 年的 5.43 万元提升至 2021 年的 249.02 万元。

**图 87 记** 2020 年 8 月 28 日，在南城街道蔡家洋村，从贡橘舫二层观景平台看贡橘园（一期）建成后景象。左侧重檐歇山顶大殿，是蔡家洋村的平安宫，也是村民日常活动场所。紧邻的是新建的“好景轩”，作为乡村振兴校地合作的场所，兼有村民活动室功能，又作为柑橘产业合作社现场办公地。贡橘园的规划建设，因地制宜，最大限度保留保护了原柑橘种植面积，最大限度保留村民住房并加以环境整治。远处错落有致、山墙黑白灰多层次协调的村民房屋和远山形成一幅清新的山水画，映衬了前景“丹橘绿林”。贡橘园建设延伸了柑橘产业链，以田园综合体促乡村振兴。

**图 87** 黄岩贡橘园（一期）所在的蔡家洋村规划建成后促进了村集体经济发展。（图片来源：黄岩区南城街道办事处）

图 88　贡橘园“田园课堂”为黄岩小学生心田里种下一棵柑橘树苗。（图片来源：杨贵庆拍摄）

**图 88 记**　2020 年 9 月 3 日，在南城街道蔡家洋村，透过橘叶亭可远眺山峦。橘叶亭由同济大学杨贵庆创意设计。两根钢柱支撑，顶部不同粗细的钢管组合支撑帆膜，宛如打开的伞。伞面形状像一片橘叶，故称之为“橘叶亭”。亭下大石块堆垒的矮墙，划分出一个开敞的大空间。在此，小学生可席地而坐，听老师讲关于黄岩蜜橘的故事。“田园课堂”将为黄岩小学生上一堂关于黄岩蜜橘的校外课，了解柑橘历史、文化和栽培知识，在孩子们心田种下一棵黄岩蜜橘的小树苗。无论今后他们身在何方，都将铭记这一堂关于黄岩蜜橘的乡愁。田园课堂将拓展蜜橘产业链发展。

**图 89 记** 2020 年 11–12 月，黄岩区举办“贡橘园文化节”，南城街道蔡家洋村作为文化节活动中的一个重要节点，位于蔡家洋村的贡橘园文化节入口处竖起了门廊（左图）。黄岩贡橘园一期（南入口）建设完成，从空中俯瞰，贡橘园的田园课堂、贡橘舫、园路、河道等形成了一个整体（右图）。黄岩贡橘园以“田园综合体”理念统领乡村建设，以贡橘园文旅、农旅景观设施建设为“心脏”，带动邻近 5 个村庄产业“造血”，培育乡村振兴的内生动力。蔡家洋村从原来脏乱差的破败环境，建成了让村民引以为豪的文化家园。按照规划实施的乡建力量，是实现全面乡村振兴的重要保障。

**图 89（左、右）** 黄岩贡橘园带动乡村建设初具规模。（图片来源：黄岩区南城街道办事处）

图 90　“跟着农遗游乡村——首届中国重要农业文化遗产大会黄岩峰会”活动举行。（照片来源：黄岩区人民政府办公室）

图 90 记　2020 年 11 月 14 日，在黄岩区永宁江畔，浙江首届中国重要农业文化遗产大会黄岩峰会暨 2020 年浙江台州黄岩柑橘旅游节正式启动。开幕式上，黄岩蜜橘“谱系图”正式发布，“浙江黄岩蜜橘筑墩栽培系统”荣获中国重要农业文化遗产奖牌。来自全国农业专家、浙江省农业农村厅、台州市和黄岩区的主要领导，上海新民报业集团领导，以及同济黄岩乡村振兴校地合作教师代表杨贵庆等共同见证。黄岩蜜橘种植历史长达 1700 多年，1996 年黄岩区被命名为“中国蜜橘之乡”。2019 年起，黄岩区全面发动、倾力打造“中华橘源”金名片，繁荣发展农遗文化推进乡村振兴。

**图 91 记** 2021 年 1 月 20 日，在南城街道民建村，黄岩区农业农村局副局长王立宏（左二）正在指导贡橘园北入口方案，提出柑橘展示销售场地的安排。南城街道办事处主任汪雄俊（左一）、同济大学杨贵庆（左三）和当地干部、民建村村民和地方设计院人员一同参加现场踏勘。贡橘园规划总占地 3000 亩，涉及 5 个行政村。一期南入口设在蔡家洋村，经过 2 年努力已建成，带动了乡村产业振兴和村容村貌的全面提升。二期北入口设在民建村，和火山公园形成一个整体。贡橘园北入口场地内设置柑橘加工和销售功能，将为橘农增收带来机遇。

**图 91** 黄岩区农业局指导贡橘园北入口柑橘加工销售场地建设。（图片来源：黄岩区南城街道办事处）

图 92　黄岩贡橘园（一期）蔡家洋村贡橘舫和已经成熟的蜜橘。（图片来源：杨贵庆拍摄）

**图 92 记**　2021 年 11 月 2 日，正值蜜橘成熟季，在南城街道蔡家洋村，顺着木栈道渐入佳境，不远处贡橘舫映入眼帘。一片“橘海”，让人不禁想起“一年好景君须记，最是橙黄橘绿时”。黄岩贡橘园建设目标，不仅是保持并增加黄岩蜜橘的种植面积，而且要以“田园综合体”理念促进柑橘产业升级，拓展柑橘产业链，增加橘农收益，促进乡村振兴。因此，通过建设橘树林里架空的观景木栈道，导入城市游客。建设观景平台和活动场所，导入文创活动。建设柑橘田园课堂，导入中小学生的校外一课。把柑橘种植技术提升、柑橘文化消费和村民增收有机融合，全面促进柑橘产业发展。

**图 93（上、下）** 黄岩区宁溪镇直街村历史文化村落的文旅产业效应。（图片来源：黄岩区宁溪镇人民政府办公室）

**图 93 记** 2022 年 1 月 2 日，宁溪镇直街村，直街入口的牌楼（上图）和水圳（下图）在夜景彩灯下熠熠生辉。宁溪镇直街村于 2016 年被列入“浙江省历史文化村落保护和利用重点村”，黄岩区高度重视，在区有关职能部门全力支持下，宁溪镇党委和政府有效组织，同济大学杨贵庆教授团队和宁溪镇党政干部和村干部群众共同努力，编制了保护和利用规划并付诸实施，实施 6 年来，直街的人居环境发生了根本性变化。“宋渠直街、桂陌秋香”，具有千年历史的直街村又焕发出新的生机。它已成为宁溪镇“二月二做铜锣”和彩灯节庆的固定场所，文旅产业的效应正在逐渐发挥出来。

**图 02**　2019 年 12 月 5 日，屿头乡沙滩村，透过葡萄架看“同济·黄岩乡村振兴学院（北校区）”入口，昔有柔川书院滋养一方，今有振兴学院勇立潮头。（图片来源：杨贵庆拍摄）

# 第二章　人才振兴

本章着重记录了同济·黄岩校地合作在人才培养方面的努力。人才振兴是乡村振兴的支撑，是关键。人才培养一方面包括在校本科生、研究生的培养，把乡村规划建设实践和卓越人才培养相结合，鼓励和引导学生把毕业论文“写在祖国大地上”，树立为实施国家战略而建功立业的志向；另一方面是在地化培养地方乡村振兴规划建设人才，为打造一支强大的乡村振兴人才队伍作贡献。

**图 94（上、下）**　基于实践的理论总结专著成果。（图片来源：杨贵庆提供）

**图 94 记**　始于 2013 年年初的同济黄岩美丽乡村规划教学实践，既以理论指导实践，又从丰富的实践中不断总结理论成果。图上左《农村社区》（2012 年出版）是基于"十一五"国家科技支撑计划项目的课题"村、乡、农村社区规划标准研究"，杨贵庆课题组提出了关于农村社区"产业经济、社会文化和空间环境'三位一体'的规划理念"，指导黄岩美丽乡村规划建设实践。十年来陆续出版的《黄岩实践》（图上右，2015 年）、《乌岩古村》（图下左，2016 年）和《乡村人居》（图下右，2020 年）等系列专著，对乡村规划的教学、实践和乡村人才振兴提供了理论支撑。

图 95（上、下）　基于实践的理论研究向国际传播中国话语。（图片来源：杨贵庆提供）

图 95 记　图上左是美国规划师协会杂志《规划》（*PLANNING*）2017 年 6 月出刊的封面。这一期刊登了由杨贵庆、Richard LeGates 和开欣合作的论文 *REINVENTING The Chinese Countryside*《再创中国乡村》。图下左、图下右是该篇论文的跨页照片，反映的是黄岩区宁溪镇乌岩头古村改造前后对比（同一个角度拍摄）。编辑还特别加了副标题“What American planners can learn from Old Wuyan Village”（美国规划师可以向乌岩头古村学什么？）。图上右是德国柏林工业大学和同济大学牵头的合作科研（Urban Rural Assembly）第一期学术专刊，该科研是关于台州黄岩城乡融合可持续发展路径的研究探索。

**图 96 记** 2013 年 8 月 7 日，在屿头乡人民政府办公区的食堂二楼，同济大学黄岩美丽乡村规划教学实践暑期工作营正在开展工作。工作营由杨贵庆、庞磊老师（右二）带领，参加者主要是在读硕士研究生万成伟、但梦薇、过甦茜、舒凌雁、翟羽佳、王祯等，还有若干实习生。工作营专门设计制作了工作 T 恤衫。炎热的夏季，再加上是临时安排的场地，工作条件十分艰苦。乡政府及时安装了空调，改善了工作条件。在第一线对乡村人居环境开展深入调查研究，充分了解物质环境、资源状况、社会文化和经济发展实际，在工作营开展教学指导活动，对学生专业能力的培养十分有益。

**图 96** 同济大学黄岩美丽乡村规划教学实践基地结合屿头乡规划项目开展暑期工作营。（图片来源：杨贵庆拍摄）

图 97　同济大学黄岩美丽乡村规划教学暑期工作营师生与地方干部合影。（图片来源：黄岩区屿头乡人民政府办公室）

**图 97 记**　2013 年 8 月 7 日傍晚，在屿头乡人民政府办公楼前，参加同济·黄岩美丽乡村规划 2013 暑期工作营的师生和黄岩区农办、屿头乡党委政府干部合影。区农办主任戴庭曦（前排站立左三）、屿头乡党委书记钟鹏鸥（前排站立右四）、乡长王欣东（前排站立右三）、同济大学杨贵庆（前排站立左四）等和大家一起，见证这一屿头乡乡村规划建设的历史时刻。办公楼门厅上方的电子牌，正闪过一行“绿色经济示范区、美丽乡村展示区”的文字，所列的日期诠释了这个时刻。美丽乡村规划建设的历史大潮，正深刻孕育着一代新人。

**图 98 记** 2014 年 4 月 9 日，在屿头乡沙滩村天云塘施工现场，杨贵庆（中间站在石块上）正在向地方干部和施工人员讲解天云塘的施工方案。杨贵庆左侧是屿头乡党委委员茅国志，他分片负责此项目的推进。在其左侧的（白上衣，背对着）是乡党委书记王欣东。美丽乡村的创建，乡党委书记身临一线，专家设计师现场指挥，解决了方案从图纸到落地的困难。总体上看，在乡村建设中，经过训练的、有一定素质的施工人员十分缺乏。由于乡村项目经济收益不高，更无法吸引专业施工队伍。乡建人才的缺乏成为乡村建设发展的瓶颈，急需采用各种有效方式突破这一困境。

**图 98** 屿头乡沙滩村施工现场讲解方案。（图片来源：杨贵庆教授团队）

图 99 屿头乡沙滩村天云塘建设现场打竹签施工放线。（图片来源：杨贵庆教授团队）

**图 99 记** 2014 年 4 月，在黄岩区屿头乡沙滩村天云塘施工现场，同济大学杨贵庆（左二）穿着雨鞋敲打竹签放线。天云塘设计采用退台方式，由于当地施工人员（部分是村民）无法看懂图纸，一些重要节点，必须由设计师现场放线，直接作示范。这不仅提高了施工效率，而且在地化辅导施工人员。乡村建设不仅是一种行业，更是一项事业。如果设计师还有着把方案付诸实施的理想，那么，就要勇于到现场。在现场工作，不仅可以让图纸方案精准落地，而且还可以在遇到新问题时，及时调整并妥善解决。

图 100 记　2014 年 3 月，在屿头乡沙滩村太尉巷和社戏广场区块，同济大学杨贵庆正在讲解设计方案。负责这一区块项目推进的副乡长方国华（右二）、村委会主任黄志洪（左一）和区有关部门人员等在场。改造前，这里有十几处散乱的室外茅厕，环境脏乱差，乱搭乱建情况严重。浙江省通过“三改一拆”“五水共治、清洁家园”行动，把美丽乡村建设向纵深推进。尽管已经编制完成了沙滩村美丽乡村规划方案，但要把规划设计理念落到实处，设计师还需通过“互动式、参与式和渐进式”的努力与区相关部门、乡干部、村委会和施工人员等建立“建设者同盟”。

图 100　屿头乡沙滩村太尉巷和社戏广场改造中的施工现场。（图片来源：杨贵庆教授团队）

图 101　德国包豪斯大学 Philippe Schmidt 教授到沙滩村考察。（图片来源：王祯拍摄）

图 101 记　2014 年 11 月 25 日上午，在黄岩区屿头乡沙滩村社戏广场上，德国包豪斯大学 Philippe Schmidt 教授（左一）和同济大学杨贵庆教授（左二）坐在木质长凳上交流沙滩村建设的情况。沙滩村是同济大学黄岩美丽乡村规划教学实践基地在黄岩区的第一个挂牌点。从 2013 年 1 月成立以来，历经不到 2 年时间，把一个曾破败、脏乱的村庄，改造成为“气质”不凡之地。德国包豪斯大学从 2010 年开始，就与同济大学建立了城市规划专业“双硕士学位”项目。Philippe Schmidt 教授受邀请前来沙滩村调研，研究沙滩村旧粮站的适用技术改造，并共同指导研究生。

图 102 记　2014 年 11 月 25 日，在屿头乡沙滩村社戏广场边，同济大学建筑与城市规划学院陈秉钊教授（中）、杨贵庆教授（左）和德国包豪斯大学 Philippe Schmidt 教授在指导工作时合影。是日，参加 2014 年台州市美丽乡村建设工作现场会的参会人员到沙滩村考察，了解并学习沙滩村的建设经验，陈秉钊教授和杨贵庆教授讲解沙滩村美丽乡村建设的理念和做法。沙滩村美丽乡村建设工作结合同济大学城乡规划教学实践，研究生的学位论文选题和本科生毕业设计的基地都选在这里。团队邀请德国教授参与教学指导，让学生了解经济发达国家的乡村发展，拓展国际视野。

图 102　中德双方教师在沙滩村指导美丽乡村建设工作。（图片来源：杨贵庆教授团队）

图 103　中德专家和研究生考察黄岩区屿头乡布袋坑村。（图片来源：万成伟拍摄）

**图 103 记**　2014 年 11 月 26 日，在屿头乡布袋坑村，德国包豪斯大学 Philippe Schmidt 教授（右一）和杨贵庆教授（左一）团队一同考察。杨贵庆指导的 2012 级 3 名学生，都参与了国际双硕士项目。他们的学位论文以乡村为题：王祯（左二）《村落主体街巷空间功能更新的规划研究——以中德两个村落为例》，但梦薇（左三）《乡村废弃公共建筑及场地再利用的规划研究——以浙江黄岩屿头乡为例》，孙小淳（右二）《“美丽乡村”建设的整体规划策略研究——以白湖塘村和 Tiefengruben 村为例》。国际视野与本土实践相结合，学生们得到了很好的专业历练。

图 104 记　2014 年 11 月 26 日，在黄岩区耀达酒店大堂，屿头乡党委书记钟鹏鸥（右四）和副乡长方国华（右三），专程看望德国包豪斯大学 Philippe Schmidt 教授（左三）和同济大学杨贵庆教授（左四）等师生一行。同济大学城乡规划专业 2012 级硕士研究生王祯（右一）、但梦薇（右二）和孙小淳（左一），2013 级硕士研究生万成伟（左二）一起参加调研学习。万成伟的论文选题“山地乡村公共服务设施精准化配置规划研究——以浙江省台州市屿头乡为例”，也是基于深入的实地调研。“同济大学黄岩区美丽乡村规划教学实践基地”真正发挥了培养人才的作用。

图 104　屿头乡党委政府领导专程看望德国包豪斯大学教授。（图片来源：杨贵庆教授团队）

图 105　中德师生在屿头乡沙滩村实践基地学习讨论。(图片来源：杨贵庆教授团队)

图 105 记　2014 年 11 月 25 日，在屿头乡沙滩村“同济大学黄岩区美丽乡村规划教学实践基地”工作室，同济大学杨贵庆（右二）正在向德国包豪斯大学 Philippe Schmidt 教授（右一）介绍《黄岩实践》一书。杨贵庆教授团队的规划教学实践，以黄岩区西部山区乡镇为案例，从自然地理环境、历史文化资源、社会经济发展等现状出发，梳理乡村发展脉络。美丽乡村建设不是单纯的表面的美丽，而是包括内生动力的培育、历史文化的赓续、社会结构的再适应和空间环境的再创造等在内的全面“美丽”。通过教学实践，让学生掌握美丽乡村建设的系统思维的能力。

**图 106 记**　2015 年 3 月 12 日，宁溪镇乌岩头村，同济大学 2015 届城市规划专业本科生毕业设计黄岩课题组 5 位同学，在乌岩头村实地调研开展毕业实习。他们的选题分别为：“艺术村主题下传统聚落流动空间的重塑”（蔡一凡，左一），“民国印象：历史文化村落风貌保护与活化”（薛皓颖，左二），“基于民国题材影视活动的历史文化村落再生”（徐鼎壹，右一），“传统节庆文化活动的步行体验”（陈石，右二），以及“慢生活主题下的历史文化村落再生”（申卓，右三）。和学生一起合影的有：区农办主任戴庭曦（左三），宁溪镇镇长胡鸥（右四），左四为杨贵庆。

**图 106**　同济大学 2015 届城市规划专业本科毕业实习黄岩课题组的师生调研宁溪镇乌岩头村时合影。（图片来源：黄岩区宁溪镇人民政府办公室）

图 107　同济大学黄岩美丽乡村规划暑期工作营在乌岩头古村举行。（图片来源：杨贵庆教授团队）

图 107 记　2015 年 7 月 31 日，在宁溪镇乌岩头古村，参加 2015 同济大学黄岩美丽乡村规划暑期工作营的师生，与黄岩区农办、宁溪镇党政干部、乌岩头村委和项目施工队负责人一起合影。后排站立者自左向右分别是：王祯（助教），应荷友（施工队长），胡鸥（宁溪镇镇长），车献晨（宁溪镇党委书记），杨贵庆，戴庭曦（区农办主任），汪雄俊（副镇长），王华（镇城建办主任），以及镇派驻村协调员。前排蹲坐者均为研究生，自左向右分别是：张梦怡，蔡一凡，宣文，蔡言，开欣，章丽娜，黄璜，万成伟。宁溪镇是同济・黄岩校地合作第二个挂牌的点。

图 108 记　2015 年 3 月，在宁溪镇乌岩头古村的一座四合院内，同济大学城市规划系系主任杨贵庆教授（右）和德国柏林工业大学人居中心主任 Philipp Misselwitz 教授（左）正在讨论古村落再生的认识。Philipp 教授是同济大学和德国柏林工业大学双硕士学位联合项目的负责人，赴同济大学参加硕士学位论文答辩。当了解到杨贵庆教授团队正在黄岩西部乡村开展古村落保护和利用的再生规划实践时，他特别安排了这一考察。此行的感受，让 Philipp 教授做出了决定，安排接下来一个学期的柏林工业大学硕士研究生到黄岩开展乡村再生课程设计。

图 108　德国柏林工业大学教授和同济大学教授在黄岩西部小山村院子里交流。（图片来源：杨贵庆教授团队）

图 109　参加中德乡村再生联合设计工作营的学生汇报方案和教师点评。（图片来源：杨贵庆教授团队）

图 109 记　2015 年 11 月 12 日，在宁溪镇乌岩头古村村口的工作室，参加中德乡村再生联合设计工作营的德国柏林工业大学硕士生汇报设计方案，同济大学杨贵庆教授（右四）正在给予点评。乌岩头古村的保护和利用项目吸引了德国柏林工业大学人居中心主任 Philipp Misselwitz 教授的关注，他安排了一组 15 人的研究生团队前来实施联合设计工作营。他的助手 Hannes（前排左一）在现场带队调研指导。德国柏林同样面临大都市周边农村的衰落问题，此次工作营安排了中德乡村对比研究，要求学生针对衰败乡村如何再生、如何满足村民日常生活所需，提出创新创意的设计方案。

图 110 记　2015 年 11 月 12 日，在宁溪镇乌岩头古村村口由原先打米场改造的同济大学黄岩美丽乡村规划教学实践基地工作室内，德国柏林工业大学师生、同济大学师生和黄岩地方干部合影。德方带队教师 Hannes（二排右三），同济大学杨贵庆（二排右二），区农办主任戴庭曦（二排左三）和镇党委书记胡鸥（二排左二），村党支部书记陈景岳（二排右一）和村主任陈元彬（二排左一）等一起参加。规划教学实践基地成为一个开放办学的地方，在国际层面与世界高校对话交流，搭建了中外国际文化交流的平台。当地老百姓第一次看到如此多的国际学生，并传递了质朴的友好。

图 110　参加中德联合课程设计工作营的师生和地方干部合影。（图片来源：黄岩区宁溪镇人民政府办公室）

图 111　同济大学 2015 黄岩区美丽乡村暑期工作营在屿头乡开营。（图片来源：杨贵庆教授团队）

**图 111 记**　2015 年 8 月，在“同济大学黄岩美丽乡村规划教学实践基地”屿头乡沙滩村工作室，参加 2015 暑期工作营的师生和黄岩区地方干部合影。区农办主任戴庭曦（右四），同济大学杨贵庆（右五），屿头乡党委书记王欣东（左五）、乡长陈康（左四），村党委书记黄官森（左三）等一起参加。从 2013 年起，每年寒暑假，此类活动已成为固定安排。研究生深入乡村调研，切实了解正在发生的乡村巨变。同济大学师生团队在黄岩乡村的规划实践，是期望打造一个在地样本，让更多的学生和地方干部不仅在书本上学，更能到真实的场景下学习体会因地制宜的乡村建设实效。

**图 112 记** 2016 年 3 月 10 日，在屿头乡沙滩村，2016 届同济大学城市规划专业本科毕业设计黄岩课题组 6 名学生开展毕业实习。选题分别为：“基于游线补给功能的屿头乡前山头村规划设计”（毛圣泽，左一）、“北洋农业特色小镇游客集散中心及周边地段规划设计”（郭少雨，左二）、“基于活力要素的宁溪直街（西段）修建性详细规划设计”（孙文尧，左三）、“北洋农业特色小镇联宏村公共体验廊道规划设计”（李雯骐，右一），“基于传统商业活力的直街滨水公共空间修建性详细规划设计”（刘子琪，右二）和“基于游线补给功能的屿头乡引坑村规划设计”（华沅，右三）。

**图 112** 同济大学 2016 届毕业实习黄岩课题组师生调研“演太线”出发前在工作营大门外合影。（图片来源：黄岩区屿头乡人民政府办公室提供）

图 113　黄岩区西部山区“演太线”屿头乡乡域内的探行。（图片来源：肖颖禾拍摄）

图 113 记　2017 年 7 月 28 日，在“演太线”屿头乡一段，乡党委书记陈康、乡长郭韬韬等乡领导和村干部，与同济大学暑期工作营师生一起踏勘“演太线”。自 2016 年始，黄岩区决定辟建“演太线”，通过山路串联线上 6 个村，快速导入外部要素，精准帮扶其中 4 个集体经济薄弱村脱贫。虽然“演太线”的选线基于过去村民山林作业的山路便道，但由于长期以来乡村山林农事不断减少，一些地方已杂草丛生难以贯通。为了建设一条让当代人喜闻乐见、安全有趣、内涵丰富的徒步线路，需要规划、策划加以指导。现场踏勘和现场教学相结合，让学生掌握因地制宜、在最少干预的前提下营造景观的方法，并了解地籍权属，便于实施。

**图 114 记**　2016 年 7 月 30 日，在屿头乡前山头村，同济大学杨贵庆（左四）正在同乡党委书记陈康（左二）讨论“演太线”的节点规划安排。上海同济城市规划设计研究院宋代军博士（右三）、助理规划师王祯（左三）等带领研究生参加调研。这一处杂草丛生的院落，位于“演太线”的前山头村。像这样的空置民房，有的是原住民已经迁居市区，有的常年在外打工。房屋产权也比较复杂，有的归村民所有，也有的是“一户多宅、应拆未拆”，也有的已经划归集体资产。村庄规划必须要深入调研，了解房屋的产权和用途，因地制宜，才能做出可落地、可实施的实用性方案。

**图 114**　黄岩美丽乡村 2016 暑期工作营在“演太线”前山头村调研。（图片来源：王祯提供）

图 115　2016 同济暑期工作营深入踏勘“演太线”沿路村庄。（图片来源：王祯提供）

图 115 记　2016 年 7 月 30 日，在屿头乡引坑村，同济师生徒步踏勘“演太线”并与地方干部商定规划的实施路径。乡党委书记陈康（左二）和同济大学杨贵庆（左三）一行抵达引坑村，结合图纸研究改造方案。教授团队宋代军博士（左四），助理规划师王祯（左一）和研究生一起参与。“演太线”是连接多个行政村的徒步旅行线，其中 4 个村均为集体经济薄弱村。通过导入城市健康徒步旅行、沿线农业种植空间多样化发展，“演太线”将创造绿水青山的生态环境服务价值，提升沿线村民收益。建成后的“演太线”其社会效益的本质就是“共富线”。

**图 116 记** 2017 年 7 月 22 日，在宁溪镇直街村，同济大学杨贵庆（左二）、宁溪镇城建办陈波（右一）与直街村施工队长应荷友（左一）、大木作工匠队长谢红芹（右二）在“宁济斋”檐下合影。直街村被列为浙江省历史文化村落保护利用重点村。在保护实施过程中，传统工匠发挥了重要作用。传统风貌建筑的修造需要传统工匠来操作，传统大木作工艺传承人在建造过程中发挥了技艺专长，获得了社会肯定。建造传统风貌建筑的需求，激发了传统工匠的积极性，通过他们带领更多的人把传统工艺技术传承下去。传统风貌和现代生活需求相结合，既提高宜居性，又可保持地方特色。

**图 116** 传统村落保护利用的实施过程中传统工艺得以发扬传承。（图片来源：赵春雨拍摄）

图 117　参加 2017 年同济大学黄岩美丽乡村暑期工作营的师生和屿头乡党政干部合影。（图片来源：黄岩区屿头乡人民政府办公室）

图 117 记　2017 年 7 月 31 日，在屿头乡沙滩村“同济大学黄岩美丽乡村规划教学实践基地”，参加 2017 年暑期工作营的同济大学师生和屿头乡党政干部合影。一年一度的同济黄岩暑期工作营在屿头乡正式开营，乡党委书记陈康（后排左六）、乡长郭韬韬（后排左四）等乡党政干部，同济大学杨贵庆教授（后排左五），助理规划师王祯（后排右五）等参加。博士生关中美（后排右三）、博士生何江夏（前排左二）参加了此次调研。关中美的博士学位论文选题“网络化视角下乡村聚落空间结构研究——以浙江台州黄岩区为例”，重点案例调研主要基于屿头乡和宁溪镇展开。

图 118　美国旧金山州立大学 Richard LeGates 教授考察乌岩头古村。（图片来源：杨贵庆教授团队）

**图 118 记**　2017 年 9 月，在宁溪镇乌岩头古村“同济大学黄岩美丽乡村规划教学实践基地”工作室，镇党委书记车献晨（右二）欢迎到访的美国旧金山州立大学 Richard LeGates 教授（左一）。同济大学城乡规划学入选上海市高峰学科建设，LeGates 教授受聘为同济大学城乡规划学“城乡融合发展与规划高峰学科团队”的国际 PI。此次调研，为之后合作撰写并发表在美国规划师协会杂志上的论文提供了基础。杨贵庆教授团队从乌岩头古村的保护和利用规划实践，归纳提升了关于历史文化村落再生利用的理论思考，凝练成《乌岩古村》一书正式出版。

**图 119** 在乌岩头古村保护利用规划的实践教学中指导研究生做设计方案。（图片来源：杨贵庆教授团队）

**图 119 记** 2017 年 8 月，在宁溪镇乌岩头古村“同济大学黄岩美丽乡村规划教学实践基地”工作室，同济大学杨贵庆教授（中坐者）正在为暑期工作营研究生改图，2015 级硕士研究生张梦怡（左一）、蔡一凡（左二）和蔡言（右一）正在听讲。现场教学对于学生规划业务能力的提升帮助很大。从现场调研、分析问题并提出解决方案，便于学生掌握因地制宜做设计的精髓。在此基础上，凝练共性问题，作为学位论文选题。蔡一凡的论文《传统村落户外空间结构及其家族社会关系的对应研究》就来自这里。师生合作完成的论文获 2017 年度“金经昌中国城市规划优秀论文奖”。

图 120 记　2018 年 1 月 17 日下午，在南城街道办事处会议室，同济大学杨贵庆教授（前排右二）正在给黄岩区地方规划院年轻设计师改图。地方规划院王斌（左一）、蔡家洋村村主任魏建春（右一）等参加讨论。在地化的乡村建设需要由规划师引导结成建设者同盟，把各方的要求、利益诉求讲清楚、协调好。通过规划师的统筹协调和空间布局，落地安排达成一致的意见。因此，规划设计的方案能力十分重要。好的规划方案可以妥善处理各方利益并解决问题，而差的方案一般会顾此失彼，在解决一个问题的同时又带出另一个或若干个新的冲突、矛盾。乡村振兴亟需大量优秀规划设计人才。

图 120　指导当地设计院年轻设计师提升专业能力。（图片来源：黄岩区南城街道办事处）

图 121　在地化推进黄岩贡橘园的规划方案落地实施。(图片来源：黄岩区南城街道办事处)

图 121 记　2018年1月17日，在南城街道蔡家洋村的黄岩贡橘园“贡橘舫”二层，同济大学杨贵庆教授（前排左二）正在向街道办事处主任汪雄俊（前排左三）提供实施建议。区规划设计院王斌（左一）带领设计人员参与。虽然同济团队编制完成了黄岩贡橘园 3000 亩范围的整体概念规划，但是还需要继续指导和协调由地方设计院承担的建筑方案和场地环境设计。从发展概念方案到落地实施方案的有机衔接，可以避免规划宏大叙事的“高大上”和具体项目设计“各顾各”的问题。而这种脱节状况在一些地方并不少见，以至造成了设计品质低劣和社会财富浪费。

图 122 记　2018 年 1 月 17 日，在南城街道蔡家洋村的黄岩贡橘园建设工地，杨贵庆教授（左一）正在检查观景廊道的放样效果，街道办事处主任汪雄俊紧随其后。杨贵庆采用“路演”方式，检查施工进展和问题，安排后续工作要点。在现场，经常会发现图纸和实际施工效果不对应的地方。从最初灵动的概念设计方案，到建筑施工图时会被打“折扣”，再到实际施工时，又会被大打“折扣”，有时甚至会出现“难以置信”的偏差。因此，必须“在地化”把最初灵动的概念设计方案不断对接后续的每一步，直到见成效。这一过程，对地方设计人员和施工人员都是一种沟通和磨合。

图 122　实地放样贡橘园的观景廊道线路。（图片来源：黄岩区南城街道办事处）

**图 123** 毕业设计结合实际题目开展现场调研。（图片来源：黄岩区头陀镇人民政府办公室）

**图 123 记** 2018 年 3 月 17 日，在头陀镇头陀村老街区块，黄岩区人民政府副区长车献晨（前排左四）看望正在头陀镇调研的同济大学师生并合影。头陀镇头陀村（老街）被列入浙江省历史文化（传统）村落保护和利用重点村。同济大学杨贵庆教授（前排左三）率团队编制保护和利用规划方案，同时把它和同济大学城市规划专业本科毕业设计教学相结合，使得毕业设计题目面向实际，让学生在真实的环境中调研和选题。毕业设计的带队教师还有杨帆副教授（前排右四），上海同济城市规划设计研究院高级工程师宋代军博士（前排右二），参与的本科毕业生共 7 名。

图 124 记　2018 年 9 月 30 日，在同济大学杨贵庆教授工作室，正在举行一场适用技术应用于黄岩区屿头乡沙滩村“粮宿”改造的讨论。巴斯夫（上海公司）部门经理崔艺曦（右三）正在介绍巴斯夫相关技术的类型和特点。黄岩区屿头乡乡长郭韬韬（右五）带领屿头乡项目组成员和杭州负责室内设计的机构人员，专程到上海共同研讨技术应用方案。同济大学杨贵庆（右四）主持会议，并负责协调场地设计、室内设计和技术应用之间的关联性。“粮宿”改造是适用技术在乡村老旧建筑改建中的示范性应用，它汇集的十项适用技术方案，在黄岩区乡村振兴低碳社区建设中具有开创性意义。

图 124　共同讨论适用技术在乡村建筑改造中的应用。(图片来源：杨贵庆教授团队)

**图 125** 美丽乡村规划教学实践带队教师在调研时小憩。（图片来源：杨怡拍摄）

**图 125 记** 2018 年 8 月 11 日，在台州市椒江区章安老街回浦村，同济大学美丽乡村规划教学实践带队教师在调研过程中坐在老屋门口石阶上小憩。作为校企联盟参与研究生指导教学，上海同济城市规划设计研究院高级工程师宋代军博士（右一）和助理规划师王祯硕士（左一）参与杨贵庆（中）教授工作室的教学指导工作。宋代军已经担任了多名同济大学城乡规划“专业学位”硕士研究生学位论文的校外指导教师。在联合指导下，研究生不仅完成了培养阶段“设计院实习”的必修环节学分，而且加强了今后成为注册规划师的规划实务演练，在城乡规划法规、规划设计规范等方面获得训练。

图 126 记　2018 年 8 月 30 日，在德国柏林工业大学建筑学院人居中心，黄璜顺利通过申请博士学位的论文答辩。黄璜（右十一）获同济大学本科、硕士学位，在中德合作科研过程中，获推荐赴德国柏林工业大学人居中心攻读博士学位。她申请博士学位的论文关注中国后乡村城镇化研究，其导师是 Philipp Misselwitz 教授（右十二）。杨贵庆教授（右十三）是答辩委员会成员之一。上海同济城市规划设计院高级工程师宋代军博士（右四）和助理规划师王祯（右一）等，一同赴德参会。。

图 126　中德合作科研培养的研究生黄璜在德国柏林工业大学取得博士学位。（图片来源：王艺铮拍摄）

图 127　2018 年同济大学黄岩乡村振兴暑期工作营开营仪式举行。（图片来源：黄岩区屿头乡人民政府办公室）

图 127 记　2018 年 8 月，在屿头乡沙滩村“同济大学黄岩美丽乡村规划教学实践基地”，参加 2018 年暑期工作营的同济大学师生和屿头乡党政干部合影。乡党委书记陈康（后排右五）率班子成员，同济大学杨贵庆（左五）率同济师生共同参加。是年 2 月 4 日，中共中央一号文件提出“实施乡村振兴战略”。2018 年度暑期工作营队服 T 恤衫专门印有“乡村振兴”字样，大红色寓意乡村振兴事业“红红火火”。2018 年暑期工作营又迎来新一批 3 名硕士研究生（周叶渊、秦添、张宇微）参加认知实践，二年级 3 名研究生（杨怡、肖颖禾、文君）则深化论文调研。

图 128 记　2018 年 8 月，在屿头乡前礁村，同济大学杨贵庆教授正在绘图，给随行研究生讲解建筑改造思路。前礁村村民在新建房屋开凿院子墙基时，发现了古墓。经考古发掘，证实是南宋时期赵伯澐夫妻合葬墓。赵伯澐是北宋开国皇帝赵匡胤的七世孙，墓葬出土文物十分珍贵。杨贵庆团队建议屿头乡政府及时保护墓葬周边环境，并以此作为柔川景区、宋韵文化的重要元素。通过置换邻近安排新的宅基地给村民，把在建的房屋改造成文旅信息服务站，展示发掘过程和墓葬品图片。通过把原先要建两层的民房，保留已建的一层，采用坡屋顶形式，实现其改造。

图 128　现场给学生讲解并绘制建筑改建的方案构思。(图片来源：张梦怡拍摄)

图 129　暑期工作营开展村庄规划实地调研和方案设计指导工作。（图片来源：杨贵庆教授团队）

图 129 记　2018 年 8 月 20 日，在屿头乡沙滩村“同济大学黄岩美丽乡村规划教学实践基地”，杨贵庆教授（坐者）正在给学生演示如何做规划方案。助理规划师王祯（站者左三），硕士生研二杨怡（右一）、肖颖禾（右二），研一秦添（左一）、周叶渊（左二）和本科生五年级王宣儒（站者右三）正在认真听讲。2018 年暑期工作营历时 18 天，师生团队深度调研黄岩西部山区不同类型的村庄，开展方案设计训练。在学生完成方案的基础上，带队老师进行针对性指导，深度讲解其中的道理教给学生解决实际问题的能力。工作营使学生专业能力得以快速提升。

**图 130 记**　2018 年 10 月 11 日下午，在头陀镇头陀村老街，同济大学杨贵庆（前排右一）和头陀镇党委政府、地方设计人员、施工队等一起讨论老屋改造修复的问题。镇党委书记李友斌（后排左二）、镇长黄革军（前排左一）和副书记徐志海（后排右一）等一起在施工现场办公。头陀村被列入浙江省历史文化村落保护利用重点村。同济大学杨贵庆教授团队编制了规划并到现场指导实施。传统村落中的空间肌理和房屋建造方式，在建造工艺方法上蕴含着先人的智慧，承载着历史文化底蕴，需要在地化、陪伴式地跟进，边指导、边学习、边调整，及时改进方法对策。

**图 130**　现场研讨传统村落中的老房子改造修复问题。（图片来源：黄岩区头陀镇人民政府办公室）

图 131 现场与村民代表和设计师沟通交流。（图片来源：杨贵庆教授团队）

图 131 记 2018 年 12 月 26 日，在高桥街道瓦瓷窑村戏台广场施工现场，同济大学杨贵庆教授（前排左一）正与地方干部、村民代表和地方设计院人员沟通交流。长期以来，地方建设项目一般单个建设、互不照应，缺少系统性，项目在建成之后产生新的冲突矛盾。美丽乡村建设需要系统思维，需要考虑不同项目之间的关联性，在局部与整体、近期与远期、保留和新建、物质与人文、社会与经济、人工与生态等方面建构网络化、系统化思维。如此才能产生综合效应最大化，避免重复和浪费。系统思维在乡村建设中还较为缺乏，亟需宣讲和沟通。

**图 132 记** 2018 年 12 月，在高桥街道瓦瓷窑村戏台广场的建设工地，同济大学城乡规划学硕士研究生杨怡（左二）在导师杨贵庆教授（右二）指导下进行施工放线。街道党工委书记杨云德（左一）在现场参加讨论。现场施工放样（放线）建立了从设计图尺寸到实际空间尺寸的对应关系，让学生建立空间尺度的准确性，充分领会画出的图面尺寸将会有怎样的空间效果。这样的训练，能够让设计师具备从图纸到实际的双向自由反馈的能力，从抽象世界到真实世界的自由穿越，掌握城乡规划学科的实战精髓，从而避免仅从图纸到文本、从数据到公式的闭环局限，避免“工科理学化”的问题。

**图 132** 研究生在乡村建设项目现场学会施工放线。（图片来源：肖颖禾拍摄）

图 133　注重专业实践训练的人才培养模式，学生把青春挥洒在乡村大地上。（图片来源：杨贵庆拍摄）

图 133 记　2019 年 1 月 16 日，在屿头乡沙滩村四季采摘园，参加 2019 年寒假工作营的研究生在现场踏勘时小憩。硕士生三年级王艺铮（左二），硕士生二年级肖颖禾（左一）、杨怡（左三），硕士生一年级周叶渊（右一）、张宇微（右二）等参加。从 2013 年同济大学美丽乡村规划教学实践基地成立以来，每年暑假和寒假两个时段（除新冠肺炎疫情防控外），同济大学杨贵庆教授团队都要组织在读研究生和优秀本科生驻扎在实践基地 7~10 天，现场调研学习乡村建设项目，探讨乡村规划设计方案，在专业实践训练中提升发现问题、思考问题和综合解决问题的实战能力。

图 134 记　2019 年 1 月 24 日上午，在屿头乡沙滩村“同济大学黄岩美丽乡村规划教学实践基地”工作室，参加 2019 年寒假工作营的同济师生和屿头乡主要领导合影。虽然天气寒冷，但冬日暖阳洒在脸上，大家都充满了干事业的热情。乡党委书记陈康（右六），乡长郭韬韬（左五）和乡党委副书记周步春（右四），同济大学杨贵庆教授（左六），上海同济城市规划设计研究院高级工程师宋代军博士（左四）、规划师王祯（右五）和硕士生参加。寒假工作营虽然历时不长（一般为 7 天），但是对春节后新的一年校地合作计划安排来说，像准备春耕一样，意义重要。

图 134　2019 年春节前的寒假工作营开始了。（图片来源：王祯提供）

图 135　美丽乡村规划建设的理念广泛传播、提升认知水平。（图片来源：肖颖禾拍摄）

图 135 记　2019 年 3 月 20 日，在屿头乡沙滩村同济大学美丽乡村规划教学实践基地，杨贵庆（左一）正在向考察团人员讲解黄岩乡村振兴实践。自 2018 年 8 月中央电视台新闻调查栏目以“教授下乡”近 45 分钟专题报道了同济大学杨贵庆教授团队深度参与黄岩区乡村振兴工作后，从全国各地前来考察学习的代表团络绎不绝。杨贵庆为代表团讲解乡村改造的认识和方法，传播“产业经济、社会文化和空间环境”三位一体综合联动的理念，宣传如何挖掘地方传统文化特色、保护利用和有机更新，保持不同时期的建筑多样化协调共存，保护乡村建成环境历史年轮，避免大拆大建。

图 136 记　2019 年 5 月 29 日，在黄岩区参加“城乡融合推进乡村振兴中德联合研究课题启动会”的中德专家考察黄岩乡村实践项目时互相交流。同济大学杨贵庆教授（左二）向来自德国柏林工业大学人居中心主任 Philipp Misselwitz 教授（右一），柏林工业大学中国科学与技术文化研究中心主任 Sigrun ABELS 博士（右二）等介绍项目情况并回答问题。自 2012 年以来，我国各地美丽乡村建设如火如荼。黄岩区和同济大学建立了美丽乡村规划实践合作，因地制宜，探索规划建设理论，寻找黄岩乡村发展路径，指导乡村建设，把理论研究、人才培养、实践示范等紧密结合。

图 136　中德高校联合科研组专家学者考察黄岩乡村实践项目。（图片来源：杨贵庆教授团队）

图 137　中德高校联合开展城乡融合推进乡村可持续发展的科研。（图片来源：肖颖禾拍摄）

图 137 记　2019 年 5 月 30 日，在屿头乡沙滩村“同济 · 黄岩乡村振兴学院（北校区）”广场上，德国柏林工业大学人居中心主任，中德联合科研（URA）德方总负责人 Philipp Misselwitz 教授（左）和同济大学建筑与城市规划学院城市规划系系主任杨贵庆教授（右）合影。杨贵庆教授受邀担任中德联合研究的中方总负责人。双方从 2015 年开始针对乡村再生主题开展联合课程设计，把科研和教学相结合。（注：这张照片已采用黑白模式刊登于《四季城乡——一名规划师的时空坐标》第 322 页，此次采用彩色模式）。

图 138 记　2019 年 5 月 30 日下午，在屿头乡沙滩村“同济 · 黄岩乡村振兴学院（北校区）”，参加“城乡融合推进乡村振兴中德联合研究课题启动会”的同济大学杨贵庆教授（左三）和工作室师生合影。上海同济城市规划设计研究院高级工程师宋代军博士（右三），助理规划师王艺铮（右二），博士生王丽瑶（右一），硕士生二年级肖颖禾（左一）和杨怡（左二）等参加。肖颖禾、杨怡的学位论文选题分别为“乡村聚落核心公共空间的功能及布局优化研究”和“既有村庄融入镇区的功能适应性及空间布局优化研究”，都是基于一线的乡村振兴实践。

图 138　杨贵庆教授工作室师生参加中德课题启动会。（图片来源：杨贵庆教授团队）

图 139（上、下） 中德联合研究课题启动会在黄岩区屿头乡沙滩村召开。（图片来源：杨贵庆教授团队）

图 139 记 2019 年 5 月 30 日，在屿头乡沙滩村“同济·黄岩乡村振兴学院（北校区）”，“城乡融合推进乡村振兴中德联合研究课题启动会”举行。开幕式之后，中德专家学者开展课题内部研讨会（上图）。振兴学院北校区底层的中型会议室里，德方和中方分课题负责人（PI）进一步明确各组研究计划。课题总负责人德方 PI 德国柏林工业大学 Philipp Misselwitz 教授（下图，前排右二）和中方总负责人同济大学杨贵庆教授（下图，前排右三）等正在和各组讨论研究框架。各分课题单位组织了博士生、硕士生参加。在小山村里召开了三天国际会议，山区村庄的功能实现了“华丽”转身，为开拓乡村振兴的多元路径做出了示范。

图 140　同济·黄岩乡村振兴学院（南校区）就建在古村内。（图片来源：杨贵庆教授团队）

图 140 记　2019 年 5 月，在宁溪镇乌岩头古村，参加“城乡融合推进乡村振兴中德联合研究课题启动会”的专家学者参观考察同济·黄岩乡村振兴学院（南校区）。乡村振兴学院直接和传统村落保护利用相结合，把教育培训功能“植入”村庄设施环境改造，这本身就是城乡要素双向流动的重要实践案例。一方面，传统村落历史文化内涵和特色空间肌理本身就是一种可学习的资源，另一方面，现代功能和传统村落空间肌理相结合使得古村落再生，作为一种改造的范式，可以被浙江和全国各地所借鉴。当下传统村落的社会结构已经被打破，城乡要素流动赋予了传统村落新的社会结构的可能性，从而使得古村落“活在当下”。

**图 141** 山东省潍坊市临朐县乡村振兴考察团参观沙滩村。（图片来源：黄岩区屿头乡人民政府办公室）

**图 141 记** 2019 年 7 月 11 日上午，在屿头乡沙滩村入口太尉巷，杨贵庆（右一）正在为到访的山东省潍坊市临朐县乡村振兴考察团成员讲解太尉巷地面铺装材料的特点和细节创意。考察团由临朐县人民政府副县长王锡利率领，成员包括临朐县规划编研中心林绍海、赵立峰等。临朐县城关街道寨子崮村的党支部书记赵传健正低头仔细察看由新石板、老砖和就地取材的溪石相互组合铺装的效果。寨子崮村被列入山东省传统村落名录，是革命老区临朐县的贫困乡村，正迎来传统村落保护和利用、努力推进乡村振兴的历史机遇。

图 142 记　2019 年 7 月，在屿头乡沙滩村的“同济大学黄岩美丽乡村规划教学实践基地”，又迎来新一批暑期工作营的师生。带队教师杨贵庆（右六）、校外导师上海同济城市规划设计研究院高级工程师宋代军博士（左六）、助理规划师王艺铮（右五），带领博士生、硕士生一行 12 人，开展为期 12 天的乡村调研和在地化乡建指导。在地方政府大力支持下，黄岩西部乡村已成为该团队研究当地乡村振兴的绝佳母本。从村庄个体到“演太线”串点成线，再到区域乡镇整体发展，点、线、面的空间层次所包含的产业经济、社会文化和空间环境多元内涵，为研究生提供了丰富选题。

图 142　又一年同济黄岩乡村振兴暑期工作营师生抵达屿头乡沙滩村。（图片来源：杨贵庆教授团队）

图 143　按照规划设计方案现场放线、灵活调整。（图片来源：黄岩区南城街道办事处）

**图 143 记**　2019 年 8 月 6 日，在南城街道蔡家洋村，同济大学杨贵庆（右二）手执竹竿和图纸，正在按设计图指导施工人员放线，街道办事处副主任陈会岳（右一）一起参加。在项目实施过程中，即便是之前已到过现场踏勘，方案看上去实施性也已经很不错，但是在具体实施过程中还会碰到不少问题，例如土地权属问题（部分小块用地分属于不同农户）没有最终解决，或者部分地形条件不便于施工等错综复杂的情况。这就需要设计师根据现场情况进行统筹考虑，方便而快速解决矛盾冲突。否则，将会产生要么实施难度大、代价昂贵，要么设计方案被改得面目全非的尴尬。

**图 144 记**　2019 年 8 月 16 日，台风“利奇马”刚过，在南城街道贡橘园乡村振兴工作室，同济大学乡村振兴暑期工作营南城开营仪式举行。在工作室“好景轩”南门外，同济大学杨贵庆教授带领师生，与南城街道党工委、区农业农村局、台州市自然资源和规划局黄岩分局、区住建局，以及南城街道蔡家洋村、民建村村两委等合影。此次工作营的主要目的，一是带领学生全面考察台风灾害对贡橘园南入口所在的蔡家洋村的影响，并针对受灾影响给地方提供恢复修建的指导意见，二是对打通南入口和北入口（民建村所在地）的步行通道提供规划建设思路。

**图 144**　灾后重建——同济黄岩 2019 乡村振兴南城工作营正式开营。（图片来源：黄岩区南城街道办事处）

图 145　台州市、黄岩区领导实地看望同济大学暑期工作营师生。（图片来源：杨贵庆教授团队）

**图 145 记**　2019 年 8 月 21 日，在屿头乡沙滩村“同济大学黄岩美丽乡村规划教学实践基地”工作室门外，台州市政协主席陈伟义（二排右三）和黄岩区区委书记、区长陈建勋（二排左三）专程看望工作营的同济大学师生。区政府办公室主任戴庭曦（二排左一）、屿头乡党委书记陈康（三排中）一起参加。同济大学杨贵庆教授（二排中），上海同济城市规划设计研究院高级工程师宋代军博士（二排右二）和助理规划师王艺铮（二排左二）带领研究生深入开展乡村调研和建设指导。台州市、黄岩区高度重视和同济大学的校地合作，给予同济师生团队莫大鼓励和鼓舞。

图 146 记　2019 年 8 月 15 日，在宁溪镇乌岩头古村“乌凤阁”前，参加乡村振兴暑期宁溪工作营的同济师生和黄岩区、宁溪镇干部合影。在此之前，台风利奇马过境，山洪暴发裹挟乱石冲击了乌岩头古村五部溪，导致河道、石板路和部分建筑遭受严重破坏。为加快古村落灾后重建，同济大学黄岩乡村振兴团队和宁溪镇第一时间联动起来，开设灾后救援暑期工作营。黄岩区人民政府副区长董阿林前来看望同济师生（前排左六），区农业农村局张良法副局长（前排右四）等领导参加。修复工作将从地质灾害的治理入手，把工程科学性和传统风貌艺术性有机结合。

图 146　开设灾后救援暑期工作营，助力乌岩头古村灾后重建。（图片来源：黄岩区宁溪镇人民政府办公室）

图 147　同济大学师生徒步“演太线”深入了解乡村实际。（图片来源：杨贵庆教授团队）

**图 147 记**　2019 年 8 月，在黄岩区西部连接屿头乡沙滩村和宁溪镇乌岩头古村的“演太线”上，同济大学杨贵庆（右一）正在向研究生讲解乡村人居环境构造。天气炎热，汗水湿透了衣衫。每年暑期，“同济大学黄岩美丽乡村规划教学实践基地”都要组织开展暑期工作营活动，将不同年级的在读研究生和若干名本科生组成团队，在黄岩山区实地考察乡村人居环境实际状况，了解多年来同济大学实践的经历和成果。在地化教学方式让同学们建立从图面设计到实际建成效果之间的密切关联性，锻炼把握空间尺度的能力，提升在地化综合解决实际问题的本领。

图 148 记　2019 年 10 月 10 日，在高桥街道瓦瓷窑村村部的小广场上，中德黄岩城乡融合发展联合课题组成员在考察瓦瓷窑村美丽乡村建设时合影。在同济大学杨贵庆教授和德国柏林工业大学 Hannes 的带领下，课题组一行参观考察了经过一年多时间同济黄岩校地合作改造完成的村口文化广场。区农业农村局张良法副局长和高桥街道办事处给予了支持。照片背景是以瓦瓷窑“烧制窑器工艺”为主题的大型墙画，作为瓦瓷窑村文化礼堂的标识。全球化的视野，深度的国际学术交流环境氛围的营造，对于地方乡村振兴人才的培养和年轻学生的成长，都是很好的帮助。

图 148　中德黄岩城乡融合发展联合研究课题组成员考察瓦瓷窑村。（图片来源：黄岩区高桥街道办事处）

图 149　法国教授调研考察黄岩贡橘园开展学术交流。(图片来源:黄岩区南城街道办事处)

图 149 记　2019 年 10 月 31 日，在南城街道蔡家洋村“贡橘舫”二层，法国斯特拉斯堡大学 Andreea BIRZU 教授（右四）考察贡橘园项目。区农业农村局副局长张良法（右三），街道党工委书记陈虹（左三），街道办事处副主任陈会岳（左二），同济大学杨贵庆（左四），硕士生秦添（右一）和张宇微（右二）等参加。Andreea 教授是同济大学和斯特拉斯堡大学“中法双硕士学位”的法方负责人，她对同济大学以校地合作开展研究生专业实践的模式非常认可，并提出今后若机会合适，她将带领法方研究生来此开展联合设计工作坊。

图 150 记 2019 年 10 月 31 日，法国斯特拉斯堡大学教授 Andreea BIRZU（右五）调研高桥街道瓦瓷窑村乡村振兴项目。区农业农村局副局长张良法（右四），街道党工委书记杨云德（右七），副书记张益（右八），宣传委员朱晓龙（右九），办事处副主任徐智龙（左四），瓦瓷窑村委副书记、主任杨射龙（左二），高桥街道选调生林佳云（右三）等，和同济大学杨贵庆教授（右六），硕士生秦添（右一）和张宇微（右二）等参加。瓦瓷窑村作为“集聚提升类”村庄开展规划编制和建设。（此照片黑白版曾在《四季城乡——一名规划师的时空坐标》第 89 页使用，此次用彩色版）

图 150 法国教授调研考察高桥街道瓦瓷窑村乡村建设。（图片来源：黄岩区高桥街道办事处）

**图 151** 新一批硕士研究生参加乡村振兴规划实践调研。（图片来源：杨贵庆教授团队）

**图 151 记** 2020 年 1 月 12 日，在宁溪镇乌岩头古村“同济大学黄岩美丽乡村规划教学实践基地”的“添秋轩”工作室，杨贵庆（中）和上海同济城市规划设计研究院高级工程师宋代军博士（左三）与学生合影。2019 级新一批硕士生，汪滢（左二）、南晶娜（右三），王宣儒（右一）和法国双硕士学位研究生玛莉（右二），实习生黄子薇（左一）等参加工作营。其时正值全国国土空间规划工作开展，《关于统筹推进村庄规划工作的意见》发布，根据新时代村庄规划的使命和特点，需要各地抓紧探索新理念、新方法和典型案例。新一批研究生将对村庄类型的特点和规划方法进行探索。

图 152 记　2020 年 1 月 13 日晚，在屿头乡沙滩村的同济大学黄岩美丽乡村教学实践基地工作室，杨贵庆教授（左）正在做设计方案。上海同济城市规划设计研究院高级工程师宋代军博士（右）一起参与讨论。来自法国斯特拉斯堡大学的双硕士学位研究生玛莉整理调研笔记。自 2013 年以来，沙滩村工作室既是黄岩西部美丽乡村建设项目的讨论室，又是同济教师指导学生现场设计的场所。在地化、陪伴式的乡村规划建设，是高校相关专业服务国家重大战略、服务地方需求的有效途径。黄岩区为同济大学教学实践提供了固定的工作场地和设施管理保障。

图 152　同济大学黄岩美丽乡村规划教学实践基地工作室指导方案。（图片来源：杨贵庆教授团队）

图 153　举办“新时代乡村振兴工作法”讲座的宣讲海报。（图片来源：同济大学乡村振兴研习社）

**图 153 记**　2020 年 6 月，同济大学乡村振兴研习社组织“青年讲堂系列课程”，杨贵庆教授受邀主讲“新时代乡村振兴工作法”并录制视频，研习社为此专门制作了演讲视频的宣传海报。研习社组织成立了由全校多专业学生参加的暑期实践团队，奔赴全国各地乡村开展调研学习活动。该演讲视频作为暑期活动的宣讲材料在各地乡村播放。从 2017 年 10 月中共“十九大”报告正式提出“实施乡村振兴战略”以来，全国各地如火如荼开展实施，急需科学合理的规划建设方法指导。同济大学黄岩美丽乡村工作团队基于多年的实践经验总结，提供了理论指导和实践示范。

图 154 记　2020 年 6 月，在同济大学建筑与城市规划学院钟庭报告厅外，刚结束毕业典礼的 2020 届城乡规划本科生和指导教师杨贵庆（左三）合影。此届以“浙江黄岩城市传统文化空间廊道规划设计”为题的毕业设计小组共有 5 名学生：张榕珊（左一），分题“基础设施系统与特色城市空间耦合研究”；郑瑞棽（左二），分题“自然生态系统与特色城市空间耦合研究”；夏小懿（右三），分题“居住生活系统与特色城市空间耦合研究”；王微琦（右二），分题“传统文化系统与特色城市空间耦合研究”；施欣妤（右一），分题“地方产业系统与特色城市空间耦合研究”。

图 154　又一届以浙江黄岩城乡发展为毕业设计课题的本科生毕业了。（图片来源：黄卓雅拍摄）

图 155　在地化指导设计方案，提升地方设计院人员的专业水平。（图片来源：夏小懿拍摄）

图 155 记　2020 年 7 月 30 日，在宁溪镇乌岩头古村“同济大学黄岩区美丽乡村规划教学实践基地——宁溪镇工作室”，杨贵庆（右一）正在指导地方设计院的设计方案。杨贵庆教授团队在黄岩多个乡镇指导乡村建设，当规划方案编制完成之后，后续的建筑方案设计、施工图设计大多由地方设计院接续承担。但在设计深化过程中，由于种种原因，最先的规划设计理念和布局构思会“走偏”，甚至会“变样”。乡村优秀设计人才的紧缺在全国来说是一个普遍情况，需要在地化、陪伴式指导，在把规划蓝图落地完成的同时，也为地方培养一批优秀的设计人才。

**图 156 记** 2020 年 11 月 3 日，在宁溪镇乌岩头古村溪边，清晨的阳光沐浴在“添秋轩”匾额上。“添秋轩”是同济大学黄岩区美丽乡村规划教学实践基地的工作室所在地，由 5 间民房整合改建而来。乌岩头古村 2013 年被列入浙江省历史文化村落保护利用重点村。2015 年年初开始，同济大学杨贵庆教授团队指导实施建设。因生产力水平和生产关系的改变，传统村落社会结构发生巨变，留下的建筑空间已然成了“空壳”。保护和利用传统村落，必须秉持“创造性转化、创新性发展”理念，把保护和利用的辩证关系牢记在心。教学实践基地这一新的功能注入，本身就是一个示范。

**图 156** 设在乌岩头古村内的美丽乡村规划教学实践基地。（图片来源：黄岩区宁溪镇人民政府办公室）

图 157　为地方设计院年轻人修改指导方案、培育地方人才快速成长。（图片来源：颜维琦拍摄）

图 157 记　2021 年 5 月 14 日，在屿头乡石狮坦村，同济大学杨贵庆（坐者）正在为黄岩区规划设计院年轻设计师修改石狮坦“红色广场”方案。石狮坦村是革命烈士李文益的家乡。把地方特有的红色资源与儿童游学相结合，同时综合考虑山水自然关系、石狮坦村已有的建成环境空间关系，这在规划设计上有一定难度，需要精心设计。因此，杨贵庆建议地方设计院领导组织开展院内方案设计竞赛，发现好作品、激励优秀人才脱颖而出。经过设计竞赛，地方院 3 名年轻人的方案胜出，最终评审组选定了一个方案为基础进行优化。

图 158 记　2021 年 5 月 15 日，在头陀镇头陀村老街区块，同济大学杨贵庆正在手绘草图指导施工现场的节点改造。头陀村被列为浙江省历史文化（传统）村落保护利用重点村，村落街巷空间的环境整治提升全面展开，切实改善了村民的居住环境品质。在施工推进中，有时候施工人员发现地方设计院的施工图纸没有覆盖到一些细部处理，有时候施工过程中因为特殊情况需要临时改变施工方案，甚至会发生施工人员未看懂设计图纸而导致施工错误等情况。遇到此类问题，设计师必须在现场迅速提出整改意见。因此，手绘表达对于设计师来说应是必备的专业能力。

图 158　通过实地手绘草图的方式指导现场施工人员处理建造细节问题。（图片来源：颜维琦拍摄）

图 159　陪同华东师范大学教授一行参观考察黄岩区沙滩村。（图片来源：黄岩区农办）

**图 159 记**　2021 年 7 月 8 日，在屿头乡沙滩村，同济大学杨贵庆教授（左三）向前来考察的华东师范大学教授一行介绍沙滩村整体规划。华东师范大学人文地理学终身教授宁越敏（右二），城市与区域科学学院党委书记孙斌栋教授（右三），带领博士生一行，调研考察同济大学黄岩校地合作乡村振兴工作。黄岩区副区长车献晨（左二），区府办副主任陈明江（右一），屿头乡主持工作的陈会力乡长（左一）等陪同考察。同济大学黄岩美丽乡村规划建设的工作模式和阶段成效，通过媒体广泛传播，吸引了部分高校专家学者前来考察研究，总结乡村振兴工作的模式和经验。

图 160 记　2021 年 7 月 20 日晚，在屿头乡沙滩村“同济大学黄岩美丽乡村规划教学实践基地”工作室，2021 年暑期工作营师生正在开展教学活动。硕士生三年级学生结合学位论文写作开展案例调研，硕士生二年级学生开展专业实践设计训练，而硕士生一年级学生开展面上社会调研。暑期工作营还吸引了若干优秀本科生进行专业认识实践。上海同济城市规划设计研究院的高级工程师宋代军博士，作为专业学位硕士研究生的校外指导老师。暑期工作营采用各个年级纵向打通组成小组的方式，让高低年级学生之间相互学习，专业能力成长迅速。

图 160　暑期工作营的师生在实践基地举行晚间讨论会。（图片来源：吴子君拍摄）

图 161　同济大学 2021 乡村振兴暑期工作营在黄岩区屿头乡举行开营仪式。（图片来源：黄岩区屿头乡人民政府办公室）

图 161 记　2021 年 7 月 21 日，在屿头乡沙滩村“同济大学黄岩美丽乡村规划教学实践基地”工作室外，同济 2021 乡村振兴暑期工作营的师生和黄岩区农业农村局、屿头乡党政干部成员合影。工作营将针对沙滩村作为浙江省首批未来乡村创建单位，探索因地制宜、强化特色、面向未来的乡村振兴道路。同时，在黄岩区全区层面，为创建省级美丽乡村示范县开展全区范围的调研。同济黄岩校地合作开展美丽乡村规划建设、促进实施乡村振兴，得到了地方相关部门的大力支持。参加工作营的学生获得了很好的专业训练。

**图 162 记**　2021 年 7 月 21 日下午，在屿头乡沙滩村“同济大学黄岩美丽乡村教学实践基地”院子内，杨贵庆（手执树枝者）正在指导硕士生田莎莎（左二）绑铅丝放线改造大铁门。这个院子之前属屿头乡电管站，铁门外侧被铁皮全部封住。门框架基本完好，材质牢固仍可使用。通过再利用的方式，把普通的大铁门改造成一件艺术作品。具体做法：拆除原来铁皮，保留骨架，再用细钢管焊接分隔，构成新的设计图案。这样做，既延续了大门防卫功能，又可让视线通透。按照设计稿，先指导学生绑细铅丝勾画出设计图案，便于施工人员按图样直接焊接钢管，防止图案在施工过程中走样。

**图 162**　指导研究生做工作室大铁门的改造。（图片来源：杨贵庆教授团队）

**图 163** 台州市选调生、乌岩头村党总支副书记吴俊向同济暑期工作营师生做自我介绍。（图片来源：黄岩区宁溪镇人民政府办公室）

**图 163 记** 2021 年 7 月 22 日上午，在宁溪镇乌岩头古村的同济大学黄岩美丽乡村教学实践基地，举行了 2021 年同济黄岩乡村振兴实践工作营宁溪开营仪式。屋外下起了瓢泼大雨，室内外气氛均很热烈。镇党委书记胡鸥率党政班子领导参加仪式。图中站立者吴俊正在做自我介绍。他毕业于浙江大学，被招录为 2019 年度台州市住房和城乡建设局选调生，2020 年 10 月参加台州市市级机关选调生赴基层实践锻炼，任乌岩头村党总支副书记，2022 年担任宁溪镇副镇长（挂职）。国家安排“大学生村官”深入一线驻村工作，不仅锻炼了选调生综合能力，而且为乡村振兴播散了希望的种子。

**图 164 记** 2021 年 7 月 22 日，在宁溪镇乌岩头古村乌凤阁广场，同济大学乡村振兴 2021 暑期工作营师生和宁溪镇镇村干部合影。是日，“十四五”美丽乡村建设同济・黄岩校地合作宁溪镇调研会在乌岩头村召开。镇党委书记胡鸥，镇党委副书记、镇长黄湛，区农业农村局副书记、副局长杨康，镇部分班子成员，乌岩头村村两委成员参加。同济大学杨贵庆教授表示，将一如既往支持宁溪镇乡村振兴工作，在继续跟进乌岩头古村项目的同时，推进“半山半水泮云间”名家村与乌岩头古村联动发展，使得乌岩头村早日实现产业、人才、文化、生态、组织“五位一体”的全面振兴。

**图 164** 同济大学乡村振兴 2021 暑期工作营在宁溪镇乌岩头古村开营。（图片来源：黄岩区宁溪镇人民政府办公室）

图 165　同济大学乡村振兴 2021 暑期工作营在高桥街道瓦瓷窑村开营。（图片来源：黄岩区高桥街道办事处）

图 165 记　2021 年 7 月 27 日，在高桥街道瓦瓷窑村戏台广场，参加同济大学乡村振兴 2021 暑期工作营高桥开幕式的人员合影。街道党工委书记章建荣，党工委副书记、办事处主任毕建勇，区农业农村局副书记杨康，办事处部分班子成员，瓦瓷窑村村两委成员等一同参加。杨贵庆指出，瓦瓷窑村乡村振兴工作要坚持“传承文化，共聚资源，创新模式”。“瓷慈文化”是瓦瓷窑乡村振兴的灵魂。在发现的石碑记中有“瓷”“慈”通用的记载，古人把制作“瓷”碗作为济世的大“慈”悲，发展了一方经济。如今，这种“慈”又拓展了“慈孝”文化内涵，它与中华民族传统美德相一致。

图 166 记　2021 年 7 月 30 日，在头陀镇头陀村老街的“同济大学黄岩美丽乡村规划教学实践基地头陀教学点”，同济 2021 暑期工作营师生和地方干部合影。镇党委书记黄革军（前排右三），副书记徐志海（左一），区农业农村局副书记杨康（前排左三），科长林再华（右一）等参加。头陀村被列入浙江省历史文化村落保护和利用重点村，在同济团队的指导下，头陀村老街的复兴进入了新阶段。通过演绎“山水格局、头陀文化、现代集市”三条路径，把处于黄岩区中部板块的头陀镇历史文化底蕴和特色产业发展带动起来，而头陀村老街也将成为黄岩宋韵文化内涵的有机组成之一。

图 166　同济大学乡村振兴 2021 暑期工作营在头陀镇头陀村老街开营。（图片来源：黄岩区头陀镇人民政府办公室）

**图 167** 现场给予工程项目改进的指导意见。（图片来源：屿头乡人民政府办公室）

**图 167 记** 2022 年 2 月 11 日，在屿头乡柔极溪岸，同济大学杨贵庆（左二）正冒雨向屿头乡党委书记李啸鹏（左一）和黄岩区交通旅游投资集团经理牟冲（左三）等交流拦水坝工程实施意见。为提升柔极溪两岸防洪能力，水利资金投入加固堤坝工程。可是，水利工程设计在强调牢固安全的同时，往往忽略了工程建设与大自然整体环境风貌的协调。有时，过于人工化的设计并不理想。如何把安全牢固和整体环境美学有机统一，不仅是设计人员急需提升的科目，而且也是项目决策者、工程投资决策者们急需补充的知识。

图 168 记　2022 年 8 月 8 日，在屿头乡沙滩村“同济大学黄岩美丽乡村规划教学实践基地”，参加 2022 年暑期工作营的师生和屿头乡领导合影。乡党委书记李啸鹏（右六）、专职党委委员严肖迁（右四）、副乡长蔡慧杰（右三）、副乡长陈辉（左五）、工会主席郑国友（左三）和城建办主任周嘉伦（左二）等参加。同济带队教师杨贵庆教授（左六）、宋代军高级工程师（右五）和助理规划师王艺铮（左四）带领学生参加。2022 级研究生新生，林子超（左一）、吴子君（右一）和冯麒羽（右二）将参加为期一周的认识实习，深入系统地了解校地合作已经完成的乡村建设项目。

图 168　同济·黄岩乡村振兴规划实践 2022 年暑期工作营在黄岩区屿头乡举办。（图片来源：杨贵庆教授团队）

图 169　实地开展项目设计方案的指导交流，把设计培训课堂开设在施工现场。（图片来源：吴子君拍摄）

**图 169 记**　2022 年 8 月 9 日，在头陀镇头陀村老街区块的牌楼广场项目指挥部，同济大学杨贵庆教授（中坐者）正在对元同溪东岸的休闲平台提出修改意见。施工图设计方台州市城建院的设计人员、同济大学城乡规划研究生、头陀镇领导、驻村干部和施工方代表等参加。在施工图深化过程中，总会遇到各种建设条件的限制，施工图设计方将会对原有的总体规划布局方案进行局部调整。有些调整解决了问题，而有些调整又导致了新的问题，甚至违背了方案的初衷。乡村规划师"在地化"的修改指导，可以及时避免可能出现的问题。同时，这也是设计人才实训提升的良机。

**图 170 记**　2022 年 8 月 10 日，在高桥街道瓦瓷窑村沿永丰河的绿道上，同济大学杨贵庆教授（左一）向街道党工委书记章建荣（前排右二）讲解提升绿道景观品质的建议。上海同济城市规划设计研究院高级工程师宋代军（右一）、台州市城建院王斌副书记等参加。2022 年上半年，瓦瓷窑村的美丽乡村建设全面推进，高桥街道成立专班挂图作战。同济规划团队通过“路演”方式，在现场点评和指导，并根据实地建设情况，提出改善建议。杨贵庆教授一边讲解创意设计思路，一边又通过在现场绘制设计草图的方式，把设计思路体现出来，让有关设计单位进行深化落实。

**图 170**　为进一步提升瓦瓷窑村的绿道环境景观品质提供设计咨询。（图片来源：冯麒羽拍摄）

**图 03** 2018 年，黄岩区宁溪镇乌岩头古村一景，修整后的传统村落古朴而生动。（图片来源：杨贵庆拍摄）

# 第三章　文化振兴

本章着重记录了同济·黄岩校地合作在乡村文化振兴方面的努力。文化振兴是乡村振兴的灵魂，是乡风文明的保障，是乡愁魅力的所依。在“产业经济、社会文化和空间环境”的“三位一体”整体发展理念指导下，把挖掘地方文化内涵、提炼乡村文化主题同地方产业经济发展、空间环境建设紧密结合，通过“文化定桩”，引领乡村文化经济，提升村民文化自信，赓续乡村优秀文化传统。

**图 171 记**　2014 年 11 月 25 日，在屿头乡沙滩村新建的社戏广场，邻近村民纷纷前来观看地方戏演出。据悉，农历十月初一是太尉殿太祖爷生日，每年村里都要举办 6 天 7 夜唱大戏为太祖爷过生日。村民自筹经费 10 万元邀请演出团。一些有财力的村民以有机会出钱、出更多的钱为荣耀，因为这样做表达了他们对太祖爷的敬重，并认为以此可获得太祖爷的保佑或奖赏。在乡村，传统文化正是通过这种喜闻乐见的方式而代代相传。在快速城镇化的今天，年轻人不断离开乡村，文化传承遭受严峻挑战。如今有了这样的舞台，那么它为这种传承提供了可能。

**图 171**　沙滩村社戏广场成为传统乡村戏曲表演的场所。（图片来源：杨贵庆教授团队）

图 172　屿头乡沙滩村社戏广场承载了柔川黄氏一族后人的乡愁。（图片来源：黄岩区屿头乡人民政府办公室）

图 172 记　2017 年 11 月，在屿头乡沙滩村社戏广场上，“柔川黄氏第十一次圆谱庆典大会”正在举行，与会人员观看传统文艺表演。自北宋工部尚书黄懋率领黄氏一族从福建迁居屿头乡沙滩村（古称“柔川”）以来，此地成为柔川黄氏后人的始祖地。族谱修订成为柔川黄氏一族的重要内容。自 2014 年 11 月社戏广场修建完成，柔川黄氏的圆谱庆典活动就在此地举办，吸引了台州市内外黄氏后人前来祭拜。地方文化是物质空间的灵魂，而物质空间又是地方文化得以赓续的载体。文化传承不仅需要书写在典籍内，而且更需要融入节庆活动中，才能让更多人切身感知文化的魅力。

图 173 记　2018 年 2 月 15 日，在屿头乡沙滩村老街，同济大学王荔教授（右四）带领课题成员和摄制组调研采访。同济艺术传媒学院老师李睿（右一），博士生陈媛媛（右三）等一起参加。课题组在春节前就来到沙滩村，春节期间驻扎在村里，把春节前后村民返乡过春节等地方风土人情和节庆民俗文化等作了系统影像记录。同时，课题组深入采访村民，记录了新时代的乡村巨变。文化挖掘是乡村文化振兴的重要工作，只有深入、系统地挖掘地方文化，了解村庄发展的历史脉络和人文底蕴，才能以“文化定桩”拓展特色地方产业，提升空间环境品质。

图 173　同济大学王荔教授“沙滩村”课题组开展调研。（图片来源：黄炳智拍摄，李睿提供）

图 174 沙滩村老街积淀了岁月的历史信息，凝练成文化厚重。（图片来源：杨贵庆拍摄）

**图 174 记** 2019 年 12 月 25 日，在屿头乡沙滩村，从文化礼堂二层向西北方向的沙滩老街望去，各个时期的建筑物协调统一，显示了沙滩老街的历史厚重感。老街历史岁月的积淀，犹如沙滩村社戏广场上那棵 800 多年树龄的古樟的年轮，既有 800 年之前的历史，又有当年新生的记录，不同年代的年轮统一在一棵古树内。老街亦是如此，不同时期的建筑，只要在风貌上不突兀，整体色彩上尚能够协调，那就是多样化的统一。对于古老又年轻的乡村，多样化建筑是难得的资源，而能够互相协调的多样化更是个宝。这些不同年代的建筑，以青山为屏，凝练成一种文化厚重。

图 175 记　2020 年 7 月 30 日，在屿头乡沙滩村老街，夏日清晨的阳光照射在老街村居和石板上，天空湛蓝而高远，白云厚重而磅礴，映衬着远处正对的雁荡山余脉括苍山的主峰，画面近处右侧的台门是新建的“粮宿”乡村民宿的接待厅入口。自 2013 年以来，沙滩村美丽乡村建设不断深入，使得曾经衰败的老街焕然一新，同时又蕴含着历史积淀的氛围。沙滩村老街建筑的风貌多元而协调。粮宿台门虽为新建，但设计中提取了坡屋顶大挑檐、斜撑木架、石材、灰色系列为底色的地方民居建筑风貌元素，从而使得不同功能的建筑具有大体一致的风貌，形成老街风貌的和谐乐章。

图 175　沙滩村老街有机更新，追求的是“蕴含传统的现代性”。（图片来源：杨贵庆拍摄）

**图 176** 沙滩村老街区块的导览图标注了丰富的文创活动场所。（图片来源：杨贵庆拍摄）

**图 176 记** 2021 年 1 月 21 日，在屿头乡沙滩村老街太尉巷巷口，沿着太尉巷设立了一处沙滩老街的导览图。导览图设计制作精致，采用防腐木框架，用来标志场所的手绘图的作者在图上标注了署名，绘画的时间是 2016 年 5 月。从“党员活动中心”，到“社戏广场”“三径书屋”“高校设计工坊”“蕴味茶生活”“柔川书院”（2018 年改造作为“同济·黄岩乡村振兴学院”）、“粮宿”“沈雷名家剪纸创作基地”“青春驿站”（之后改建为枕山酒店）。沙滩老街作为申报国家级景区“柔川景区”的重要组成部分，为开展丰富多彩的文旅活动提供了坚实的平台。

图 177　孩子们在屿头乡沙滩村老街体验宋韵文化。（图片来源：黄岩区屿头乡人民政府办公室）

图 177 记　2021 年 4 月 9 日，在屿头乡沙滩村老街，身着传统服装的孩子们正在参与体验宋韵文化的主题活动。自美丽乡村建设实施以来，沙滩村老街以其深厚历史文化底蕴和独特空间环境风貌，吸引了社会各方开展丰富多彩的主题文旅活动。这里有始建于南宋的太尉殿，又是南宋台州大儒黄超然开办柔川书院的所在地，还有邻近前礁村发掘的南宋赵伯澐古墓中出土的国宝级宋代服饰文物等。这些历史文化要素组成了极好的校外课堂。穿着古装在历史文化（传统）村落的石板上自由奔跑，孩子们生动地学习中国历史、了解博大精深的中华民族传统文化，而老街就成为赓续文化的载体。

图 178　在乡建中赓续地方文化资源、增强村民文化自信。（图片来源：杨贵庆拍摄）

**图 178 记**　2021 年 4 月，在屿头乡沙滩村社戏广场边的文化展廊，一名带队老师正向一组小学生介绍沙滩村的历史文化。自 2013 年同济大学团队着手编制和实施沙滩村美丽乡村规划以来，注重乡村历史文化资源挖掘。从北宋工部尚书黄懋一支从福建迁入以来，形成柔川黄氏一族，南宋大儒黄超然与柔川书院、南宋赵伯澐墓的珍贵出土文物，红色资源包括当代革命烈士李文益，对越自卫反击战一级战斗英雄黄仲虎等，沙滩村人文资源内涵丰富。建设乡村文化的陈列展廊，较好地宣传地方优秀传统文化，提高村民文化自信，为小学生乡村游学活动、各类文创产业等提供平台。

图 179 记　2021 年 11 月 5 日一早，在屿头乡沙滩村社戏广场，“临海小溪黄氏宗亲”祭祖活动的横幅刚刚挂好，戏台上放置了 3 张方桌，桌上摆放了祭祖用的什物，墙壁上挂着一幅被尊称为黄懋公的画像。自北宋工部尚书黄懋举家迁至此地开辟柔川黄氏一族，又派生各地。自 2014 年 11 月台州市美丽乡村建设现场会、2016 年浙江省级历史文化村落保护利用工作现场会召开之后，沙滩村社戏广场的优美环境成为社会各种文化活动举办的理想场所。沙滩村的美丽乡村建设和乡村振兴实施，找准了这个“文化穴位”而点穴启动，赋予了沙滩村乡村振兴的文化灵魂。

图 179　沙滩村社戏广场为丰富的乡村文化活动提供了舞台。（图片来源：杨贵庆拍摄）

图 180　整合多种文化元素，打造魅力文化场所。（图片来源：杨贵庆拍摄）

**图 180 记**　2021 年 12 月 2 日，沙滩村太尉殿社戏广场前，历经百年沧桑的大樟树，在湛蓝天空的衬托下更显盎然生机，而太尉殿深藏底蕴的暗红色愈发显得厚重。乡村建设需要重视文化场所建设，文化是乡村振兴的灵魂。文化场所并不是先天就有的，而是通过精心规划、设计、打造和日常维护才能营造起来，成为村民和游客心目中的敬重。沙滩村这个“文化穴位”的营造，整合了历史上“崇尚英雄”太尉殿的文化元素、新时期对越自卫反击战战斗英雄黄仲虎文化元素，柔川黄氏一派从北宋黄懋公到南宋台州大儒黄超然等“耕读传家”文化元素，从而形成了厚重且具魅力的文化内核。

图 181 记　2021 年 12 月 3 日，在屿头乡沙滩村，太尉巷从巷口一直正对着延伸至太尉殿入口，在地面铺装的引导下，形成了一条清晰的空间轴线。这条轴线把巷口的游客信息服务中心、文化礼堂、社戏广场和太尉殿等文化要素串联起来。在巷口，空间收紧向前延伸，两侧分别是砖砌的矮墙和修竹植成的屏风，在地面图案铺装的引导下，可以期待前方社戏广场的豁然开朗的景象。阳光通过建筑而形成的地面阴影，更加渲染了近处收敛、远处放开的气氛。这种欲扬先抑、起承转合的空间变化，具有生动的节奏，使得空间层次丰富而引人入胜，更唤起人们对于历史和文化渊源的探寻。

图 181　太尉巷轴线串联了层次丰富的文化景观空间，欲扬先抑、起承转合。（图片来源：杨贵庆拍摄）

图 182（上、下） 乡村文化活动设施具有多元功能，复合使用可以发挥设施综合效益。（图片来源：杨贵庆拍摄）

图 182 记 2021 年 7 月 9 日，在屿头乡沙滩村社戏广场一隅，村党支部和村民委员会文化活动室（上图）的底层，正在举办暑期小学生“春苗计划”活动（下图）。来自台州职业技术学院经贸学院的大学生志愿者正在组织屿头乡小学生暑期活动。父母在城里打工的小孩子，在这里能直接和已经成为大学生的大哥哥大姐姐们学习交流，畅想他们的未来。当地政府和邻近高校联合，公益活动丰富了小学生暑期生活，产生了深刻的社会效益。沙滩村“文化礼堂”是多个建筑和场地的组合体，村口的旅游信息服务中心、社戏广场和舞台、公共厕所等。乡村的文化活动设施和场地，可因地制宜，具有多元复合的功能，发挥综合效益。

**图 183（上、下）** 乡村文化礼堂成为城乡要素汇聚的重要场所。（图片来源：上图，杨贵庆拍摄；下图，黄岩区屿头乡人民政府办公室）

**图 183 记** 屿头乡沙滩村文化礼堂是一处由多个建筑组合而成的特色文化场所，包括戏台和戏台对着的多功能文化活动室，它们以社戏广场古樟树为中心，形成了极富个性化、多层次的空间。从太极潭池塘拾级而上，抬头可见挂着木质标牌的“沙滩村文化礼堂”，从这一角度可以看到参天古樟，再远处是戏台（上图）。外部空间呈现出连续性和流动性，起承转合引人探寻、耐人寻味。来到戏台边，转向看太尉殿，青山为屏，和太尉殿前的古樟相映照。游客时常可以碰到在社戏广场上举办的文艺演出活动（下图，2021 年 11 月 20 日）。富有地方特色的唱腔不经意地贯连了这个古村落的前世和今生。

图 184（上、下） 沙滩村社戏广场与沙滩老街组合成一幅传统村落的连续画卷。（图片来源：杨贵庆拍摄）

**图 184 记** 2021 年 12 月 2 日，在屿头乡沙滩村社戏广场沿路廊一侧，冬日暖阳洒向戏台建筑，小山村在温柔的晨光中又迎来新的一天（上图）。视线再向右偏转一些，便可完整地看到社戏广场、戏台建筑和沙滩老街的全貌，括苍山余脉的主峰宛如元宝，成为老街的对景（下图）。沙滩村空间环境的规划建设，着力体现地方文化特色和乡土风貌。乡村文化需要有物质载体来呈现，它不仅包括对传统建筑遗存的保护修缮，而且还要保护好村落街巷格局。通过“旧瓶装新酒”，既保护好历史传统的“旧瓶”，又要装好当下的“新酒”。具有乡土特色的村落空间环境，为地方文化传承和文化经济提供了广阔的舞台。

**图 185 记**　2021 年 12 月 3 日，在屿头乡沙滩村，同济·黄岩乡村振兴学院（北校区），中间大报告厅和两侧建筑围合成院落，阳光从东南侧照射过来，在场地上落下了宽展的影子。院子地面由当地旧石板和溪坑卵石铺就，风貌古朴。大报告厅利用原来破旧房屋拆除后的用地，依山而建。底层作为中型报告厅，二层顺着山坡延展了空间，作为大报告厅。两侧建筑利用原来卫生院的职工宿舍和门诊部改造而来，其中的教室作为分组讨论和办公使用。振兴学院是一个多功能文化和教育场所，平时也接待社会机构用作培训。是日，“台州市环评与综合规划交流培训会”正在此举办。

**图 185**　同济·黄岩乡村振兴学院（北校区）主立面和广场。（图片来源：杨贵庆拍摄）

**图 186** 从同济·黄岩乡村振兴学院（北校区）二层大报告厅的平台上远眺。（图片来源：杨贵庆拍摄）

**图 186 记** 2021 年 12 月 3 日，在屿头乡沙滩村，“同济·黄岩乡村振兴学院（北校区）”二层大报告厅的室外平台上，远处青山连绵起伏。从正对的两座山峰的山谷延展出去，是西南 45° 方位线，沿山路可达宁溪镇乌岩头古村，串联若干村庄，又称之为“演太线”。俯瞰是旧石板和卵石铺就的广场，和周边的粉墙黛瓦整体风貌相协调。近处围绕广场的是由旧粮站改建而成的“粮宿”精品民宿。在改造中保留了大石块砌筑的外墙。通过场地整治改造，原先破败建筑和荒废场地得以创新性利用。沙滩村人民公社时期的乡村公共设施和场地的活化利用，本身也成为乡村振兴学院的生动教材。

图 187 记　2021 年 12 月 2 日，从沙滩村老街“同济大学黄岩美丽乡村教学实践基地”二楼宿舍看社戏广场和远山。清晨起床，推开窗户，天空湛蓝而高远，空气清新沁入心脾。一片暖阳挥洒过来，阳光透过太尉殿前的古樟树落在戏台的山墙上，形成飘动而柔美的影子。近处是窗下院子里的腊梅，经过多年的生长，枝叶已经越过了底层的窗户而展现于二楼的窗景中，在微风中轻轻摇曳。远山在戏台斜屋顶的一侧露出一点儿峰顶。一切都十分静谧安然。这一处被称之为“3.0 工作室”的小楼，从 2015 年开始已经历了数个春秋。沙滩村的变化足以证明，乡村的现代性可以和历史性共存。

图 187　从沙滩老街教学实践基地工作室的二楼宿舍看到的窗景。（图片来源：杨贵庆拍摄）

图 188　油漆沙滩村老街同济工作室院子大铁门。（图片来源：杨贵庆教授团队）

图 188 记　2021 年 12 月 2 日，在屿头乡沙滩村同济大学美丽乡村规划教学实践基地工作室院内，杨贵庆正在用红色油漆确定大铁门上红色铁杆的位置。这一铁门位于工作室院子和老街的界面。改造前作为电管站大门，被铁皮全部包满，防卫和遮挡视线功能兼具。经质量检查，铁门骨架完整，可继续使用，但铁皮已部分锈烂且无挡视线必要。因此，卸下铁皮，焊接不同粗细的钢筋来做防卫，又便于内外视线交流。钢筋加密图案的设计构思来自观察到的蜘蛛网，并用“红、黄、蓝”三色油漆强调 3 根粗钢筋，“三色而万色”，寓意“创意无限”。这个铁门也是一种时代标识。地方文化的形式和内涵是多元的，不能也不必“整齐划一”地一个模式。

图 189 记　2016 年 8 月，在宁溪镇乌岩头古村内，一处最大的四合院改造成为民俗博物馆。根据浙江省历史文化村落保护和利用相关政策，每个重点村给予新增 15 亩建设用地指标，用于腾挪置换村民宅基地。腾挪出的房屋用于保护修缮和利用。经实地调查，村民也愿意置换宅基地另建新房。古村内破败的房屋及其结构，已无法满足当代人核心家庭结构和现代化生活需要。但如果随意拆除老房子又将破坏古村整体风貌。因此，需要“创造性转化、创新性发展”来对待传统村落的遗存，积极保护，“旧瓶装新酒”，把四合院民居转化为民俗博物馆是一种积极尝试。

图 189　乌岩头最大的一个四合院改造成为民俗博物馆。（图片来源：黄岩区宁溪镇人民政府办公室）

图 190　乌岩头民俗博物馆改造后的院内。（图片来源：黄岩区宁溪镇人民政府办公室）

**图 190 记**　2016 年 8 月，乌岩头古村四合院经改造后的民俗博物馆院内一瞥。传统建筑空间形式，一方面是过去建造条件、材料和加工技术水平的反映，另一方面又是大家庭族居的社会关系的写照。当今，生产力、生产关系及其相应的社会关系已发生巨变，基于过去社会关系下的村落空间就只能是一个“空壳”了。如果要让传统村落的空间关系重新“活”过来、灵动起来，必须找到与旧的空间关系相匹配的新的社会关系，否则，修造的老房子也将成为摆设。老屋改造时，打开众多小房间之间的木隔板，就能重新获得流动的空间，为展陈类似巴金笔下的“家、春、秋”时代的风物提供了契机。

图 191 记　2017 年夏，宁溪镇乌岩头古村入口处小广场，“台州知名画家走进宁溪采风活动”举行。宁溪镇自唐朝开始族居，宋朝开街立市，是黄岩区西部山区的名镇，而乌岩头古村又被列入浙江省历史文化村落保护利用重点村名录，经过保护改造，又被列入“中国传统村落”名录。历史文化底蕴为古村的空间环境平添了独特的气质和魅力。乡村文化振兴的要义，就是要深入挖掘乡村物质和非物质文化遗产，把乡村的各种人文“宝藏”挖掘、寻找、宣传和转化利用好。只有具备了多元丰富的历史文化内涵，才能吸引更多的外部要素导入，才能把古村落保护好、利用好。

图 191　台州知名画家到乌岩头古村采风。（图片来源：黄岩区宁溪镇人民政府办公室）

图 192（上、下） 乌岩头古村的特色风貌吸引艺术家和美术实习的学生。（图片来源：黄岩区宁溪镇人民政府办公室）

图 192 记 改造后的乌岩头古村，其山林环境和村落传统风貌建筑空间的独特性，吸引了艺术家前来写生（上图），同时，一些艺术类院校的学生也纷纷来此写生实习（下图）。艺术价值的本质在于独特性。相对于整齐划一的工程性、规则性的城市新建住宅区，乌岩头传统村落中流动变化的空间环境无疑是具有独特魅力的。村落房屋的不同尺度和变幻莫测的空间序列，不是一次性建造出来的，而是历经岁月，经过几代人的生活，并蕴含着特定的社会尊卑和家族血缘关系。因而，传统村落的空间多样性本身就是艺术性的一种呈现。图片中这类艺术活动的场景，在实施改造工程之前就已经呈现在我的预想中。

图 193 记　2018 年 12 月 28 日，宁溪镇乌岩头古村，经过改造之后的“乡村艺术文化中心”竣工，院子中间原先的一棵桂花树保留了下来。艺术文化中心的定位依据了古村活化再生的整体方向。在古村人口流失、房屋破败严重的情况下，要让古村活化再生，必须通过“创造性转化、创新性发展”的思路，但是这种“转化、发展”又必须尊重老村的空间肌理和风貌特征。艺术文化中心的建筑布局（占地）均以原先老房子的边界轮廓线为依据，这样从根本上保证了街巷空间格局的延续性。院子所在的位置，还是原来三合院所在的地方，但周边建筑功能已经更新，是一种“旧瓶装新酒”的模式。

图 193　乌岩头古村“乡村艺术文化中心”的庭院。（图片来源：杨怡拍摄）

图 194（上、下） 文化礼堂是乡村文化的重要载体。（图片来源：黄岩区宁溪镇人民政府办公室）

图 194 记 2016 年 6 月，宁溪镇乌岩头古村村口的文化礼堂建成（上图）。它是由闲置的原打米场改建而来。改造前此房屋几经租赁，做过多种使用，但最终被弃置，屋顶损毁严重。2015 年，经同济大学团队指导改造，转化为乌岩头村的文化礼堂使用。改造过程中保留了原来外墙的石块砌筑，在外部和内部用混凝土砂浆密实填缝，以保障墙体防雨防潮。内部设置了活动空间，配套卫生间。室内大空间可作为凝聚村民精神文化活动的场所。下图是 2018 年端午节包粽子活动“宁溪镇庆端午传统文化进礼堂”，乌岩头村村民组织为孤寡老人包粽子。文化礼堂这一物质空间载体支撑了乡村传统文化活动的传承赓续。

**图 195 记** 2018 年 12 月 26 日，在宁溪镇乌岩头古村的中心位置，“乌岩头民俗博物馆”外立面具有浓烈的地方风貌特征。它是由乌岩头古村中最大的一处四合院改造而来。建筑顺应地势，建造于台地上，因而其底层高出了乌凤阁广场约 2 米，相对于广场来说，空间尺度恰到好处。它为广场提供了较好的围合界面。它既具有当地建筑的基本特征，如大石块砌筑的外墙，两层坡顶、压低檐口而形成的横向连续性，同时，外墙窗拱券形式的使用，又蕴含了民国时期西方文化交融信息。新功能的植入，既符合四合院空间的流动性便于展陈物品，又为乌凤阁广场的文化特色注入了新元素。

**图 195** 乌岩头古村的民俗博物馆成为乌凤阁广场的重要界面。（图片来源：杨贵庆教授团队）

图 196（上、下）　特色空间成为特色文化活动的舞台。（图片来源：黄岩区宁溪镇人民政府办公室）

图 196 记　宁溪镇乌岩头古村的乌凤阁广场建成后，其流动、共享的特色空间环境吸引了多元文化艺术活动。宁溪镇的省级非物质文化遗产项目“二月二作铜锣”在此演出（上图）。除了政府组织的文艺活动外，民间机构也纷纷举办特色文化活动，如身着汉服的相亲会（下图）。带有地方风格特色的文化活动，需要像乌岩头古村这样的传统村落特色空间作为背景和载体。乌凤阁的规划设计定位就是这样考虑的：作为今后远近闻名的“乡村音乐节”品牌文化项目，每年11月举办一次。乌凤阁底层可放置钢琴等演奏西洋乐曲，而二层可作为民乐演奏，或中西合璧。届时，乡村的文化和经济珠联璧合，实现“文化经济化、经济文化化”场景。

图 197 记　2021 年 10 月 14 日，在宁溪镇乌岩头古村，姻缘阁建设已近尾声，从其三层平台眺望，可一览山村景色。在对山地乡村的研究中，我们发现一些山村过去建有类似“瞭望塔”建筑。这些建筑（构筑）高出普通民房屋顶，视线较好。过去以血缘、族缘为纽带的村落，为防止外部入侵，瞭望塔具有及时报警的作用。乌岩古村的保护利用，将一处只建了一层而废弃的建筑，改造成“姻缘阁”，其目的是为了发展与古村魅力相契合的传统婚庆产业。从过去的“瞭望塔”到如今“姻缘阁”观景台，虽然登高望远的作用相同，但是其内涵却大相径庭。传统村落因此实现了现代性的转化。

图 197　从在建的姻缘阁三层平台俯瞰乌岩头古村。（图片来源：杨贵庆拍摄）

**图 198** 黄岩贡橘园以柑橘文化为主题指导环境建设。(图片来源:黄岩区南城街道办事处)

**图 198 记** 2019 年 10 月，在南城街道蔡家洋村的黄岩贡橘园新建的木栈道上，同济大学教授杨贵庆（左一），南城街道党工委书记陈虹（前排左二）和办事处副主任陈会岳（右一）等一起讨论贡橘园建设。自 2018 年蔡家洋村美丽乡村建设以来，同济大学团队协助黄岩区政府，以占地 3000 亩的“黄岩贡橘园”规划建设带动园区内 5 个村庄的美丽乡村建设。蔡家洋村位于贡橘园一期范围。以黄岩柑橘文化（包括柑橘种植技术、营养药用价值、原产地农产品品牌、历代名人诗词等），指导园内环境和设施的建设，使得农事和旅游设施都蕴含人文内涵、文化寓意。

**图 199 记** 2021 年 4 月 7 日，在南城街道蔡家洋村“同济大学黄岩美丽乡村教学实践基地南城教学点”会议室，黄岩籍剪纸大师沈雷（前排坐者中）与同济大学杨贵庆教授（右一）等正在讨论剪纸作品如何融入环境艺术。街道办事处主任汪雄俊（后排站立者右一）等参加讨论。沈雷大师在剪纸艺术方面造诣很深，有不少佳作已汇集成册。此次他造访蔡家洋村，是受街道党工委书记陈虹的盛邀，前来探讨将剪纸艺术和贡橘园柑橘文化主题相结合，体现在贡橘园重要节点上。把柑橘文化主题、墙绘、剪纸艺术相结合，形成独特的文化标识，是带有地方特色的探索。

**图 199** 与黄岩剪纸大师讨论如何将剪纸艺术与柑橘主题相结合体现于贡橘园的环境艺术。（图片来源：黄岩区南城街道办事处）

图 200　黄岩贡橘园“贡橘舫”名字的寓意。（图片来源：颜维琦拍摄）

**图 200 记**　2021 年 7 月，在南城街道蔡家洋村贡橘舫下，同济大学杨贵庆教授（左一）向大家解释“贡橘舫”名字的寓意。他指出，根据南宋曾㤅父“一自温台包贡后，洞庭罗湖俱避席”，黄岩蜜橘在宋朝已是朝廷贡品，名闻遐迩，可以说世界范围华人皆知。因此，“贡橘”是黄岩蜜橘的历史文化资源，应当传承创新。昔日橘子“贡”朝廷，为的是皇帝，而今“贡”人民，为了老百姓。贡橘舫是一座两层木结构开敞式建筑，登上其二层环顾四周，可看到橘树绿叶宛如林海，而在橘子成熟季节橙黄挂果恰似一片橘海，而建筑仿佛是橘海上之舟，故称“贡橘舫”。牌匾和对联由杨贵庆题写。

图 201 记 2020 年 11 月 14 日，黄岩蜜橘熟了，在南城街道蔡家洋村的贡橘园田园课堂，参加“宜学堂摘橘子秋收体验活动”的小学生兴致勃勃地在一片“大橘叶”亭子一侧合影。从 2018 年以来，黄岩贡橘园（一期）南入口所在的蔡家洋村，在保障并扩大柑橘种植面积、提升柑橘品质品牌的基础上，以田园综合体的理念拓展柑橘产业链，尤其是将黄岩蜜橘历史文化元素紧密融合柑橘产业发展。其中，田园课堂是一个重要内容：让在黄岩读书的中小学生，其中有一堂课是在贡橘园上，作为黄岩籍居民了解蜜橘文化，培育文化自豪感和未来游走世界所牵挂的乡愁。

图 201　黄岩贡橘园田园课堂迎来一批小学生体验活动。（图片来源：黄岩区南城街道办事处）

图 202　南城街道土屿山的乡村文化振兴工作任重道远。（图片来源：黄岩区南城街道办事处）

**图 202 记**　2019 年 8 月 16 日，在南城街道土屿山护国宫一侧，同济大学乡村振兴调研小组与当地干部群众合影。受南城街道党工委邀请，杨贵庆教授率领师生团队到土屿山片区调研，深入了解人文资源。土屿山及周边文化元素丰富。从区域空间上来看，它又是黄岩城区南北向文化空间廊道的重要组成之一。这一廊道串联了“委羽山、木山、水山、火山和土屿山”的所谓“金、木、水、火、土”五座山丘。历史穿越时空到了今天，又通过物质遗存的实际，提示当代人。实施乡村振兴，要有一种历史责任和时代勇气，揭示并赓续地方优秀文化，并将其融入当下生动的日常。

**图 203 记** 2021 年 7 月 28 日，在北洋镇潮济村老街，同济大学杨贵庆教授（右二）正在向镇党委书记卢明宇（右四）等讲述老街地面局部更新的事宜。潮济村 2013 年被列入浙江省历史文化村落保护和利用重点村，保护利用工作已经获得验收通过。村庄街巷格局和传统风貌被整体加以保护。由于种种原因，村庄人口不断流失，修复后的传统住宅因常年无人使用再次面临破损的尴尬。如何让老村真正“活”起来，这需要对传统村落进行创造性转化、创新性发展，需要房屋产权、使用权的机制创新，需要对房屋安全使用功能、消防规范和经营规定方面的机制创新，从而激发市场要素，各得其所。

**图 203** 北洋镇潮济村的集市文化面临创造性转化、创新性发展的挑战。（图片来源：杨贵庆教授团队）

图 204（上、下） 瓦瓷窑村戏台广场改造前后。（图片来源：上图，肖颖禾拍摄；下图，杨贵庆拍摄）

图 204 记 2018 年 1 月，高桥街道瓦瓷窑村戏台广场改造前的场景（上图）。在同济大学杨贵庆教授团队指导下，黄岩区、高桥街道党工委和村两委下定决心，把这一杂乱无章的地方改造成为村民引以为自豪的文化活动场所（下图，2021 年 11 月）。改造之前，图中心的戏台淹没在一片混杂的环境中毫无生气。通过调研，这个戏台位置一直以来是村落公共活动的地方，历史上还是一处庙宇所在地，并存有给路人免费饮茶的“碑记”。但由于种种原因，公共场地被蚕食，机动车乱停放。改造后保留了戏台并加以修整，清理违章搭建，种植了两棵香樟树，为“碑记”配建了“茶亭”和路廊，成为一处生机勃勃的乡村文化新地标。

**图 205 记**　2021 年 11 月 4 日早晨，在高桥街道瓦瓷窑村戏台广场，清洁工正在打扫场地卫生，以干净整洁的公共环境迎来新的一天。自戏台广场建成后，这里成为瓦瓷窑村创建黄岩区“文化礼堂”的重要平台。戏台广场除了老戏台之外，还设置了茶亭、书吧、文化展廊、议事廊、“村苗”活动室，配套了公共厕所，以及围绕两棵香樟树的木凳休息等环境小品。通过“点穴启动”和“文化定桩”乡村振兴工作方法，建成了村民之前“无法想象”“不敢想象”的文化家园。这一文化场地的建设，给村民带来真实可用的“获得感”，极大地提升了村民的文化自信。

**图 205**　瓦瓷窑村戏台广场承载了乡村文化礼堂的功能。（图片来源：杨贵庆拍摄）

图 206（上、下） 瓦瓷窑村戏台广场建成后举办了“村晚”文艺活动。（图片来源：黄岩区高桥街道办事处）

图 206 记 2020 年 12 月 2 日晚 6 点，在高桥街道瓦瓷窑村戏台广场，“村晚”文艺演出正在进行。从无人机拍摄角度，可以看到建成后的戏台广场在夜景灯光的勾勒下，戏台和周边建筑围合了一个相对完整的矩形空间，村民坐在戏台和两棵香樟之间看大戏（上图）。在舞台灯光映照下，村民脸庞上洋溢着质朴、欢快的笑容（下图）。这种久违的、酣畅的欢喜，发自村民内心，是平凡生活最好的馈赠吧。只有当戏台广场阵阵锣鼓和地方戏唱腔弥漫在广场上空、观众里时不时发出掌声和欢笑声，设计改造工程才算真正完成。换言之，只有使用者的活动参与，才赋予了空间以灵魂，而此时，空间（Space）就成了人性化的场所（Place）。

图 207 记　2022 年 2 月 25 日，在头陀镇头陀村，历史文化村落保护利用的工程正在加紧推进中。从空中鸟瞰，头陀老街中部轴线自东向西（图中自上而下），连接了自山顶而下的几个红棕色大屋顶，并延续到广场中央。正在建设的牌楼将是这一轴线的节点。头陀村老街的整体街巷空间呈圈层式展开，更加强了自山顶而下的中轴线。从“头陀镇”延续至今的“头陀”两字含义及其查询的历史来看，它的内涵与这一空间轴线相呼应。这是头陀村作为浙江省级历史文化（传统）村落的重要价值内核之一。因此，传统村落的保护和利用，必须深刻领会可见的实物遗存及其蕴含的空间关系。

图 207　头陀镇头陀村牌楼广场正在施工中。（图片来源：黄岩区头陀镇人民政府办公室）

图 208　头陀镇头陀村老街区块的街巷和老屋在改造前的状况。（图片来源：黄岩区头陀镇人民政府办公室）

图 208 记　2018 年年初，头陀镇头陀村还未改造的老街。头陀村被列入浙江省省级历史文化村落保护利用重点村，2018 年同济大学杨贵庆教授团队编制规划后开始指导实施。此地历史悠久，得益于河道纵横便捷，其周边包括临海、仙居、永嘉和乐清等地商品汇聚于此形成远近闻名的集市。历史上老街商铺林立，规模很大，渗透到好几个圈层的街巷。但是，时代变迁，基于传统手工业的商品交换模式已被取代，随着老一辈传统工匠的逝去，传统手工艺产品制作技艺也逐渐失传。传统老街商铺模式也随之衰败。要拯救这样的传统村落必须创新理论、创新方法和创新机制。

图 209 记　2020 年 7 月 31 日，头陀镇元同河上的元同桥正在按规划进行改造。原先这座桥是一座 20 米宽的机动车平桥，本来是计划继续向东按照等宽的路幅延伸机动车道，而那样的话，整个传统村落就被彻底拆除了。显然，之前的规划并没有考虑要保护头陀村老街，而是拆除老街建新区。可见，以对历史文化的敬畏来编制规划，显得多么重要！在同济大学杨贵庆教授团队指导下，对此处的平桥加以适当改造，保留桥梁的基础，抬高中间一跨的桥面，以便今后游船通行，桥面预留两个车行道，余下的宽度辟出一个廊桥。这样，就可以把进入古村老街的空间序列营造好。

图 209　头陀镇区连接头陀村老街的元同桥正在改造中。（图片来源：夏小懿拍摄）

**图 210（上、下）** 头陀村公共空间的营造为更多样的村民活动提供一个固定场所。（图片来源：上图：黄岩区头陀镇人民政府办公室；下图：杨贵庆拍摄）

**图 210 记** 2021 年 6 月 5 日，在头陀镇头陀村新建成的“聚缘舫”屋檐下，正在举办镇卫生院为村民免费健康检查活动（上图）。聚缘舫建筑面向元同河，二楼是作为经营租赁空间，作为村集体经济固定收益，底层沿着元同河设置了开敞的“骑楼式”檐下公共空间，为举行各种公共活动和村民休闲提供了场地。在元同河的另一侧，头陀老街文化广场正在建设中（下图）。围绕文化广场设置了一组公共建筑和休息廊道，将广场内活动和步行通道功能有机划分。老街文化广场建成之后，将成为头陀镇具有文化地标的公共空间。乡村的文化振兴需要有高品质的公共空间提供载体。

**图 211 记**　2021 年 7 月 27 日，在茅畲乡人民政府办公楼外，参加茅畲乡下街村历史文化资源调研的一行人合影。是日，在茅畲乡干部引导下，黄岩区农业农村局局长牟贤杰（右五）、区文广新局副局长符艺楠（右四）和同济大学教授杨贵庆（右六）等一起，实地调研下街村的历史文化资源。下街村 2021 年被列为浙江省历史文化（传统）村落保护利用重点村，由同济大学杨贵庆教授团队主持规划编制工作。符艺楠副局长对下街村的文物建筑、历史人物、变迁过程等作了详细介绍。他对黄岩地方历史人文的脉络如此熟悉和研究深入，如数家珍，令人敬佩和学习。

**图 211**　与茅畲乡政府和黄岩区相关部门一起调研下街村历史文化资源状况。（图片来源：颜维琦拍摄）

图 212（上、下） 茅畲乡下街村历史文化（传统）村落的现状困境。（图片来源：杨贵庆拍摄）

**图 212 记** 2021 年 10 月 15 日，在茅畲乡下街村，村党支部书记牟锡冲正带领调研人员走到村边界的南入口（上图）。茅畲乡下街村历史文化（传统）村落保护和利用规划正处于调研编制阶段。下街村所在的茅畲乡历史发展年代久远，早在两汉三国时期就有着浓厚的文化底蕴。自北宋年间茅畲祖牟俸迁入，南宋后期，黄岩牟氏以“诗礼之家”名著台州南，文声盛极一时。由于种种原因，下街村历史风貌环境破损严重，若干传统建筑因以文物保护单位的名义被保存下来，但由于无人使用，房屋建筑质量每况愈下，村庄整体历史环境困境重重，其保护、更新和发展面临严峻挑战（下图）。

图 213（上、下） 南宋赵伯澐墓的发现丰富了黄岩宋韵文化内涵。（图片来源：杨贵庆拍摄）

图 213 记 2016 年 5 月，屿头乡前礁村村民修建自家房屋时，发现了一座古墓。经考古发掘古墓主人被确认为南宋赵伯澐，是宋太祖赵匡胤七世孙。墓中丝绸文物为浙江沿海地区参与海上丝绸贸易提供了重要线索，为浙江从“丝绸之源”到“丝绸之府”之称提供了重要依据。据载，赵伯澐本人曾主持修建了黄岩“五洞桥”，该桥如今成为浙江省重点文物保护单位。同济大学杨贵庆教授团队建议地方政府通过置换宅基地的方式，暂停村民修建房屋（上图）。通过整体规划设计建成一处“宋韵文化”点，把原先要建三层的房屋更变为一层作为“文旅信息服务站”，用来陈列古墓发掘过程和墓葬文物图片，同时，保护和修复墓葬（下图）。

图 04　2018 年 9 月 19 日，宁溪镇乌岩头古村鸟瞰，传统村落掩映在一片绿色中。（图片来源：无人机拍摄，宁溪镇人民政府办公室提供）

# 第四章　生态振兴

本章着重记录了同济·黄岩校地合作在乡村生态振兴方面的努力。生态振兴是乡村振兴的基础。生态环境可持续发展体现了“绿水青山就是金山银山”的重要内涵。在“产业经济、社会文化和空间环境”的“三位一体”整体发展理念指导下，生态环境本身就是产业经济的资源和支撑，是社会文化发展的载体。生态振兴要走出一条符合地方实际的、因地制宜的适用技术集成应用途径。

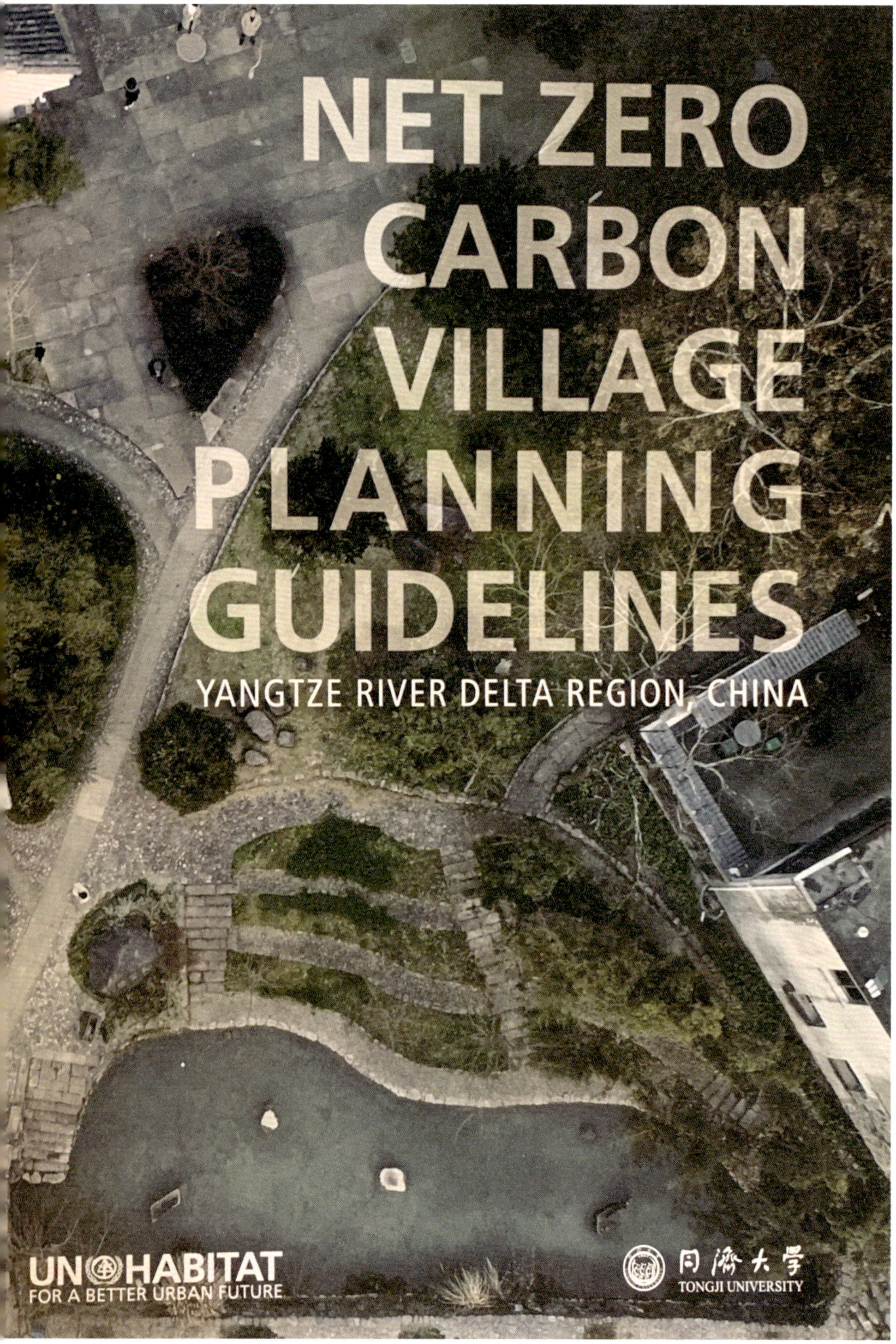


图 214　沙滩村老街区块改造后的总平面荣登首届联合国人居大会发布《净零碳乡村规划指南》封面。（图片来源：《净零碳乡村规划指南》）

**图 214 记**　2019 年 5 月 30 日，首届联合国人居大会在肯尼亚首都内罗毕举行。大会期间，联合国人居署和同济大学联合举行新闻发布会，正式发布了《净零碳乡村规划指南——以中国长三角地区为例》报告。报告从全球的角度讨论了净零碳乡村的概念，将零碳规划的关注点从碳核算转移到循环经济。报告分析了浙江省、江苏省和上海市的四个乡村案例，其中黄岩区屿头乡沙滩村作为第一个案例全面介绍了其生态实践，给出了零碳建设意见，设计了进行零碳规划和建设的具体方案。沙滩村老街区块的天云塘和社戏广场图片，作为报告的封面向世界传播。沙滩村美丽乡村建设始终把净零碳目标作为生态振兴的努力方向。

**图 215** 沙滩村村口太极潭的荷叶绿意盎然。（图片来源：夏小懿拍摄）

**图 215 记** 2020 年 7 月 31 日，从屿头乡沙滩村村口的太极潭向文化礼堂看去，一片绿意盎然的景象。远处群山为屏，几株百年香樟高耸入云，近处的太极潭水面清澈，缸栽的荷花绿叶舒展。虽然花季刚过，但仍然可以想象其绽放的盛景。但在 2013 年沙滩村美丽乡村建设之初，太极潭所在的位置还是废弃的低洼荒地。杨贵庆教授团队提出开凿一个水塘，并依据地势引入邻近的溪水，使其形成一个常年自然流动的水体。这样，除了景观塑造的作用外，还形成一个在炎热夏天能够有效降温的水面。此外，也为到太尉殿造访的香客提供了一处放生的场所。

图 216 记　屿头乡沙滩村"粮宿"是通过采用适用技术改造旧建筑的示范案例。该建筑原是人民公社时期的谷物仓库（粮站），经过改造成为乡村精品民宿酒店。同济大学杨贵庆教授团队和德国包豪斯大学、纽伦堡技术大学教授合作指导，通过适用技术集成应用，包括建筑内部地面防潮、墙体隔热保温、老石墙防水除湿、雨水收集利用、污水有效处理等一系列技术。项目牵头单位是同济大学新农村发展研究院中德乡村人居环境规划联合研究中心，与黄岩区农业农村局、屿头乡人民政府合作，得到了德国巴斯夫（上海）公司的技术支持。

图 216　沙滩村"粮宿"建筑改造适用技术应用（一）。（图片来源：杨贵庆教授团队）

**乡村振兴工作法——适用技术**

1.吸收乡村智慧，注重就地取材。
2.提供“宜居”的系统化技术方案。
3.研发或引入适合农村的技术产品。
4.编制菜单式技术应用与管控标准。

——2018年4月

新华社《国家财经周刊》2018年第7期《黄岩报告：乡村振兴工作法》

## 1.规划篇：

适用技术系统化方案

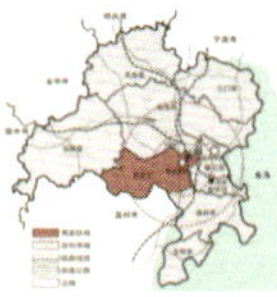

·建筑原为台州市黄岩区沙滩村人民公社时期谷物仓库。为将其改造成具有酒店接待功能的“粮宿”，同济大学杨贵庆教授团队构建了乡村建筑改造的适用技术系统化方案，旨在解决地面防潮、墙体隔热保温、雨水循环利用、污水有效处理、生物质能等问题。

**建筑适用技术要素分类举例及其适用性分析**

| 技术类别 | | 技术要素举例 | 经济适用性 | | | 社会适用性 | | | 环境适用性 | | |
|---|---|---|---|---|---|---|---|---|---|---|---|
| | | | 高 | 中 | 低 | 高 | 中 | 低 | 高 | 中 | 低 |
| 建筑形体 | | 建筑体形系数控制 | ● | | | | ● | | ● | | |
| | | 自然通风 | ● | | | ● | | | ● | | |
| | | 自然采光 | ● | | | ● | | | ● | | |
| | | 乡土风貌特色 | ● | | | ● | | | ● | | |
| 建筑围护结构 | 墙体 | 外墙保温隔热系统 | ● | | | ● | | | ● | | |
| | | 新型墙体技术 | ● | | | ● | | | ● | | |
| | | 功能性涂料 | | ● | | ● | | | ● | | |
| | | 垂直绿化 | ● | | | ● | | | ● | | |
| | 门窗及遮阳 | 门窗节能技术 | | ● | | ● | | | ● | | |
| | | 遮阳系统 | | ● | | ● | | | ● | | |
| | 屋顶 | 屋顶保温隔热技术 | ● | | | ● | | | ● | | |
| | | 屋顶防水技术 | ● | | | ● | | | ● | | |
| | | 屋顶绿化节能技术 | ● | | | | ● | | ● | | |
| | 地面 | 地坪防水技术 | | ● | | ● | | | | ● | |
| | | 地坪密封和保护技术 | | ● | | | ● | | ● | | |
| 建筑能源设备 | | 生活污水处理技术 | ● | | | ● | | | ● | | |
| | | 雨水收集利用技术 | | ● | | | ● | | ● | | |
| | | 地源热泵系统 | ● | | | | ● | | ● | | |
| | | 太阳能利用技术 | | ● | | ● | | | ● | | |
| | | 绿色照明技术 | ● | | | ● | | | ● | | |

## 2.实践篇：

粮宿建筑适用技术集成应用示例（部分实施）

图 217 沙滩村“粮宿”建筑改造适用技术应用（二）。（图片来源：杨贵庆教授团队）

图 217 记 沙滩村“粮宿”项目包括“规划篇”和“实践篇”两部分。其中“规划篇”提出了适用技术系统化方案，包括“建筑形体、建筑围护结构、建筑能源设备”三大技术类别。其中，建筑围护结构又包括“墙体、门窗及遮阳、屋顶和地面”四个部分，共列举了 20 个技术要素。具体采用需要考虑其“经济适用性、社会适用性和环境适用性”。“实践篇”根据原来粮站建筑的特点，综合选用了系列改造措施，室外改造和室内装修通盘考虑。“粮宿”的实践，项目规模虽小，但为我国乡村闲置公共建筑设施再生利用、提高宜居性等方面探索了一条低碳绿色的改造路径。

**图 218 记** 2021 年 12 月 3 日上午，屿头乡沙滩村“粮宿”院内，阳光洒在老石板铺就的地面上，休闲椅和折叠伞形成了一个室外交流的区域，近处的灰色钢质栏杆连接去往二层的露台，右侧的砖砌立柱和带有地方风格的大石块砌筑外墙，仍带着岁月磨痕。在这里，现代性和传统性组构了一处地方性的空间。从 2016 年开始，这处闲置粮站通过“适用技术”改造，华丽转身成为一处精品民宿。黄岩西部山区乡村，乃至浙江省甚至是全国的一些山区乡村，尚留下一些在 20 世纪六七十年代人民公社和计划经济时期的乡村公共设施和场地，通过适用技术改造，既满足了当代功能，又留住了乡愁。

**图 218** 沙滩村“粮宿”院子改造后仍可看到岁月的痕迹。（图片来源：杨贵庆拍摄）

图 219（上、下）　沙滩村“粮宿”其中一间联通两层公共部分的单元内部。（图片来源：杨贵庆拍摄）

**图 219 记**　2021 年 12 月 3 日，屿头乡沙滩村“粮宿”内，连接公共区域上下两层的一间，阳光从二层屋顶的玻璃窗照射下来（上图）。“粮宿”自“粮站”改建而来，因地制宜地分隔了 6 间房间，其中 5 间作为“稻、麦、粟、稷、黍”五谷的 5 个单元，另 1 间作为公共部分，连接底层和二层公共平台，也作为小型公共交流的区域。屋顶翻修改造时设置了玻璃窗从顶部采光，克服了原来石筑墙体因窗小而采光不足的问题。部分木柱因腐烂而换成了钢柱，墙体采用巴斯夫防水涂料、保温板、胶黏剂和网格布等（下图，专门留出材料展示截面）。室内保温隔热效能因此提升，不仅提高了舒适度，而且降低了运营用电能耗。

**图 220 记**　2014 年 3 月，在屿头乡沙滩村新建的太极潭边，同济大学杨贵庆教授带领学生，在村民的协助下一起种植垂柳。在植树节来临之际，太极潭周边场地已经整理出来。除了保留原先的各种成年树种之外，又在沿着潭边的空地种植 5 棵垂柳，称之为“同济柳”，寓意乡村振兴校地同舟共济。太极潭的建成，整治了原先堆积的垃圾，清理了溪坑中沉淀多年的废弃物，从根本上改善了这一方环境质量，提升了生态环境品质。太极潭及其周边环境建设，同时也纳入了屿头乡集镇综合环境改造，为屿头乡集镇提供了一处村民休闲的公园，也为之后沙滩村申报柔川景区打好基础。

**图 220**　带领师生一起在太极潭岸边种植垂柳。（图片来源：杨贵庆教授团队）

图 221（上、下） 建设卫生、整洁体面的公共厕所，彻底改变村民露天茅厕的脏乱差环境。（图片来源：杨贵庆教授团队）

图 221 记 2013 年年初，在沙滩村太尉殿前的场地，集中了各家各户十几处露天茅厕，环境脏乱差现象十分严重（上图）。由于没有统一污水管网和公共厕所，村民沿用过去露天粪坑茅厕的方式，上厕所既不方便安全，也不卫生体面。经过同济团队统一规划，沙滩村老街区块根据服务半径和今后旅游发展所需，总体上安排 3 处公共厕所。其中一处比较大的公共厕所，设置在社戏广场的一侧（下图）。这既方便村民日常使用，又方便看戏群众，而且可供到太尉殿活动和沙滩村旅游的游客使用。通过整治太尉殿前散乱无序的十几处茅厕，为设置新的戏台、休息路廊和社戏活动广场提供了难得的建设用地，环境卫生得以彻底改善。

图 222　整治村边的溪坑，常年不断的溪水为沙滩村构建了良好的生态环境。（图片来源：杨贵庆教授团队）

图 222 记　2014 年 11 月，经过整治修筑的屿头乡沙滩村溪坑，流水经过，潺潺水声，清澈见底。常年不断的溪水从大山深处流出，经村庄一侧而过，为村落生态环境品质做出了独特贡献，这是先人的营造智慧。自 2013 年，同济大学师生团队协助黄岩区乡镇，遵照原先的水系格局，整体规划梳理村庄水系环境，突出整治水塘、溪坑，开展清洁家园行动。经整治，溪坑底部堆积的垃圾被清除，采用中等大小的石块夯实坑底，砌筑护坡，既保障了溪床水土稳定，又具有透气的生态效果，在整体风貌上也与乡土特征相一致，避免了采用混凝土砌筑的过于人工的做法。

图 223（上、下） 沙滩村沿屿洋线的生态环境综合整治前后对比。（图片来源：杨贵庆拍摄）

图 223 记 屿头乡沙滩村沿屿洋线（县级公路）在改造之前的状况（上图，2013 年 1 月），以及生态环境综合整治后的景象（下图，2016 年 3 月）。改造前，由于种种原因，特别是缺乏规划和建设管控，村民建房布局零乱，室外茅厕散乱分布，卫生状况脏乱差严重，建筑风貌失控。始建于南宋的太尉殿几乎“淹没”在一片杂乱无章的建筑环境中，“奄奄一息”。八百年古香樟已受到搭建房屋的直接威胁，路灯电线缠绕在树干上，存在火灾隐患。改建之后，新建了干净、整洁、实用的公共厕所，腾出的场地作为社戏广场公共场地使用，拆除紧贴着古樟树的建筑搭建，沙滩村生态环境品质明显改善。

图224记 2016年3月，在屿头乡沙滩村村口，汪汪一碧的太极潭以其碧玉般的神采欢迎各方来客，引导人们进入蕴含历史文化底蕴的村庄。作为背景，几颗数百年的大樟树拔地而起，在空中尽情伸展，虽历经沧桑，但沐拂春风又吐新绿。天边起伏的山峦编织成浩荡的青色屏障。太极潭的位置原先是一处荒废的、高低不平的洼地，正适合用作水塘，而邻近的稍平的场地用作小型停车场，为到访太尉殿的香客或其他游客和村民使用。太极潭的水源从一侧的溪边引入，根据高差，分流一部分灌入水潭，又从水潭的另一侧顺势流回溪坑。水流带动改善了风环境和热环境，提升了生态品质。

图224 沙滩村太极潭碧水一泓。（图片来源：黄岩区屿头乡人民政府办公室）

图225　沙滩村太极潭水面如镜，潭边又添新景。（图片来源：杨贵庆拍摄）

图225记　2021年12月2日，在屿头乡沙滩村太极潭边，新建的“共富客厅”和其南侧的信息服务中心，在如镜潭水中形成清晰的倒影。共富客厅是在原来兽医站北侧牲口棚的基地上新建的，实现了功能的华丽转身。12月，山村的天空分外晴朗，空气清新。于2014年春天种下的银杏树，泛黄的树叶在湛蓝的天色映衬下显得更加突出。银杏背后是有着数百年年轮的古樟树，共同构成一幅多彩、安宁而又厚重的画面。近十年来，在黄岩区和屿头乡、沙滩村的坚持不懈的努力下，沙滩村的生态环境不断改善，“绿水青山”的生态本底不断增厚，为乡村全面振兴提供了坚实基础。

图 226（上、下）　生态化停车场的规划建设。（图片来源：杨贵庆拍摄）

图 226 记　屿头乡沙滩村老街区块停车场改造之前的用地状况（上图，2013 年 4 月），以及改造完成的生态化停车场（下图，2014 年 4 月）。乡村发展需要导入城市要素，同时也要满足当地村民的停车需要，因此，有必要考虑机动车停车场的规划建设。停车场规划建设一定要因地制宜，用地规模大小不必强求一律，而应根据用地的可能性和邻近活动设施统筹、灵活、分散组合设置。同时，停车场铺地应考虑生态化铺装材料，少用满铺水泥方式，以便于地面透水，减少硬质铺地对乡村自然景观风貌的破坏。停车场周边如果有原生树木也尽可能保留，不必另外采用城市行道树规则的种植方式去替换已有的多样性。

**图 227** 指导上凤村建设村庄公共厕所改善生态环境卫生条件。（图片来源：杨贵庆教授团队）

**图227记** 2020年8月10日，在屿头乡上凤村，同济大学杨贵庆（左一）正在向村两委讲解村庄入口处整体环境改善的建议。屿头乡党委副书记郑伟杰（左二）和村两委干部等在场。上凤村位于屿头乡集镇的北侧，举办了多届枇杷采摘节。枇杷产业已成为乡村特色产业，采摘期间吸引大量黄岩城区市民前往。但是村庄没有像样的公共厕所，村民和游客上厕所很不方便，村民生活和旅游环境不尽如人意。在同济黄岩美丽乡村校地合作的基础上，上凤村创建美丽乡村品牌，统一规划实施了村庄入口广场的改造工程，新建了一处干净、整洁、体面又有特色风貌的公厕（背景右边建筑）。

图 228（上、下） 乌岩头古村村口修复石桥改善村落生态环境。（图片来源：杨贵庆拍摄）

**图 228 记** 2015 年 5 月，在乌岩头古村村口，受山洪冲毁还剩下一半的石桥，以及周边杂乱无序的环境（上图）。经过同济大学团队指导改造后，剩余的老石桥保留并予以加固处理，找回大石条并适当抬高标高予以连接修复，同时，经村民协助，又找回了修造石桥年代的刻有“永济桥”桥名的石碑（始建于 1850 年），重新安置于桥头，形成“双桥伴溪”新的文化景观（下图）。就地取材、因地制宜的乡建方法，改善了村庄生态环境。乡村生态振兴，不仅创建了美好家园生活环境，而且也促进了传统村落的文旅产业、文创产业的发展，实现了“绿水青山”向“金山银山”的转化。

图 229　同济大学桥梁专家受邀指导乌岩头古村老石桥修复。（图片来源：杨贵庆教授团队）

**图 229 记**　2015 年 5 月 21 日上午，在宁溪镇乌岩头古村村口，同济大学桥梁专家石雪飞教授（右二）、杨贵庆教授（右一）、区农办主任戴庭曦（右三）向当地村民询问了解有关老石桥的情况。是年，乌岩头古村开始实施保护和利用规划。村口老石桥的修复和环境整治项目作为第一期实施的项目。早已被山洪冲垮的村口老石桥只剩下一半，留下另一个完整的石拱。在没有历史照片记录的情况下，依靠设计师深入实地开展调研、实地观察和测试，通过桥梁专家的技术认定，最终制定了这座始建于 1850 年的老石桥保护和修复实施方案。随着老石桥的修复，周边的生态环境品质得以全面提升。

图 230（上、下） 乌岩头古村乌凤阁广场改建前后的环境变化。（图片来源：杨贵庆教授团队）

图 230 记 2014 年宁溪镇乌岩头古村改造之前（上图）。2016 年 6 月，在大致相同的视角拍摄的改造后景象（下图）。改造之前，房屋破败，环境凋敝，杂草丛生。由于缺乏给排水等基础设施，居住卫生条件十分落后。村民不断迁出，此处成了“空心村”。在同济大学杨贵庆教授团队指导下，通过功能注入，配置了给水、污水管网、稳定供电和无线网络等基础设施，使得古村落成为一处“可用”的场所。它面向城乡互动的多元化社会需求，提供了一处具有无限想象力的空间。改造前后，宛如“金蝉脱壳”，村落空间环境“神似”，涅槃重生。从保护下来的一粗一细 2 株苦楝树的位置，可辨别出大致的空间关系。

图 231（上、下）　乌岩头古村村口的环境整治和品质提升。（图片来源：杨贵庆教授团队）

图 231 记　2014 年底，乌岩头古村入口处，建筑和周边场地还是一片杂乱不堪的情况（上图）。虽然在 2014 年乌岩头古村中的一处最大的四合院已经实施了改造工程，但是由于缺乏行之有效的古村落保护利用整体实施计划，生态环境状况令人堪忧。自 2015 年年初，同济杨贵庆教授团队开始指导，采用把村庄整体环境整治与老建筑改造同步进行的办法，注重村庄步行道路、小广场环境、房前屋后等小环境改造提升的建设安排，同步推进污水管网埋地敷设、垃圾清运，采用当地老石板和溪坑卵石铺砌步道，山林毛竹和石柱做溪边栏杆，不仅使得村落环境卫生明显改善，而且古村的风貌品质显著提升（下图）。

图 232 记　2016 年 6 月，宁溪镇乌岩头古村村口，老村改造的第一个公共厕所建成。这一处地方原来是一处荒芜地，经过村两委和村民协调，在宁溪镇镇府的支持下，按照同济大学杨贵庆教授团队整村改造方案的要求，布点一处功能完善且具有地方建筑风貌的公共厕所，不仅满足村民上厕所的需要（之前村民在屋后或院子内设置露天粪坑简棚），而且为村庄发展传统村落旅游、培育村民增收的产业造血机能打好基础。公共厕所入口设有坡道，且坡道一直可以联通到机动车停车场。厕所内还考虑了坐轮椅车使用者的功能安排，对接今后创建高品质旅游景区的需要。

图 232　乌岩头古村村口新建的公共厕所解决了村民和游客如厕难的问题。（图片来源：杨贵庆教授团队）

图 233　乌岩头古村基础设施改造过程中予以指导。（图片来源：杨贵庆教授团队）

图 233 记　2016 年 4 月 20 日，宁溪镇乌岩头古村村口小广场在建设过程中，同济大学杨贵庆教授（手执竹竿者）正在向镇、村干部和施工队讲解预留排水管网的重要性。山地乡村的改造，必须全面考虑雨水径流的系统。传统村落在长期历史发展过程中，已经具备抵御暴雨山洪的一整套径流系统。经过岁月变迁，随着各家各户对建房和场地的无序改建，以及新的功能注入后因改造场地对原有径流系统可能带来的改变，需要特别谨慎考虑修复排洪系统，连贯整个村庄排洪系统的完整性。因此，新建道路必须考虑预留好排水管道，否则导致村内汇集的地面雨水无法及时排出而导致内涝。

图 234（上、下） 乌岩头古村五部溪堤岸遭受利奇马台风导致的山洪损毁情况及其修复。（图片来源：上图，杨贵庆拍摄；下图，夏小懿拍摄）

图 234 记 2018 年 8 月，受利奇马台风影响，宁溪镇镇域内部分山体滑坡，导致山洪暴发，五部溪巨大山洪"裹挟"沿途大量山石流经乌岩头古村，冲垮了堤坝，并冲毁了原来铺砌的老石板步道，暴露出石板下的地理管道（上图）。老石板步道边用来串联毛竹栏杆的石柱子，由于埋地基础较深尚在。所幸的是，遭受如此巨大的山洪侵袭，整个古村的绝大部分房屋未受影响，这足以反映出先人当时安全选址的智慧。在黄岩区、宁溪镇和村两委共同努力下，经过灾后重建，疏浚溪流乱石，重新加固堤坝，按照之前的规划设计，重新敷设管道，恢复了之前老石板步道，老村风貌得以重现（下图）。

图 235　乌岩头古村村口小卖部被山洪冲毁之后再重建恢复。（图片来源：杨贵庆拍摄）

**图 235 记**　2019 年 8 月，“利奇马”台风过后，乌岩头古村村口的小卖部被山洪冲垮（上图）。由于流经乌岩头段的五部溪巨大山洪“裹挟”大量砂石，蔓延的山洪改道而直冲小卖部建筑。原先的小卖部建筑由原来的简易房改建而来，改建时因单层建筑，原基础没有重做，因而经受不住巨大洪水冲击。此次洪水过后灾后重建，专门重新建造了房屋基础，并按照原来的样式重建（下图）。村民又开始经营。村庄遭遇自然灾害后的生态韧性能力建设，在乌岩头古村显得十分突出。一方面得益于古村空间布局所蕴藏的选址智慧（山洪走势总体上绕开了古村），另一方面得益于黄岩区和宁溪镇干部群众的责任心和务实精神。

**图 236 记** 2021 年 12 月 3 日，沙滩村柔极溪边，新建成的绿道增加了漫步观景和健身活动的功能，并与整体环境相协调。柔极溪山水风景资源独特，景观壮阔。古人称之“柔极”，但“柔极而至刚”。笔者曾在溪边目睹巨大山洪排山倒海之势咆哮而来、狂奔而去的壮景。但更多时候，水面平静而细腻，温和如镜。绿道设计，应注重与环境融合。绿道地面采用灰色，作为自然环境的衬底。笔者专门为此设计了波浪形栏杆，作为序列化的水平方向延伸，延绵不断。虽为波浪型，但没有采用曲线，而是用折线，柔中藏刚。在地化原创设计，充分反映环境性格，切忌照搬照抄而造成建设性破坏。

**图 236** 屿头乡沙滩村沿柔极溪的绿道建设与生态环境的和谐共生。（图片来源：杨贵庆拍摄）

**图 237** 宁溪直街村水圳贯通实现了雨污分流基础设施系统。（图片来源：杨贵庆拍摄）

**图 237 记** 2021 年 5 月 12 日，在宁溪镇直街村的直街上，水渠工程已修复完成。“宋渠直街”反映了直街的历史，记载了宁溪自唐有族居、自宋开街立市的渊源。宋代水圳和步道形成的直街空间世代延续。但由于居住人口密度不断增加，生活污水排放量超出溪水的自净能力，打破了水体自净平衡后的水渠开始走向恶性循环，导致污水横流，水圳内垃圾淤积。最后只得采用水泥盖板而“一盖了之”。但是盖板下的污水问题还是无法解决，蚊蝇孳生，导致直街村的环境卫生状况极差。同济·黄岩校地合作改造直街水圳，采用雨污分流制，道路下设置污水管网，移除水泥盖板，又让水圳重见天日。

**图 238 记** 2020 年 11 月 15 日，正值蜜橘挂果时节，南城街道蔡家洋村，经过整治后的水系贯通起来，配置了喷泉水景，使贡橘园环境更加丰富迷人。自 2018 年以来，在整体规划指导下，南城街道实施了黄岩贡橘园规划一期，通过贡橘园田园综合体推进蔡家洋村等相邻村的环境整治和乡村振兴。如今，按照规划实施的水系环通工程，一方面有利于贡橘园的防洪排涝，另一方面丰富了贡橘园游玩的环境景观。贡橘园生态环境的日益改观，吸引周边的村民乃至黄岩城区的市民来此散步纳凉，极大地提升了当地村民的自豪感。

**图 238** 南城街道蔡家洋村的水系整治后生态环境大为改观。（图片来源：杨贵庆拍摄）

**图 239**　南城街道蔡家洋村中心的水塘小游园建成。（图片来源：杨贵庆拍摄）

**图 239 记**　2021 年 12 月 7 日，在南城街道蔡家洋村平安宫西侧，一池青绿的水塘，周边有石板铺砌的步行道，并设有多个供休息聊天用的路廊。为了使小游园的景域更加丰富，塘边局部还种植了修竹，配建了凉亭。建成之后的景象，与两年前到此地看到的脏、乱、差相比，已经大有改观。当时笔者调研发现这片低洼地中央，有一小块水坑，周边是泥泞得难以下脚的湿土，猜想这里原来应有水面。经问询和查询资料，了解到以前此处确实有面积不小的水塘。村里有与平安宫相关的北宋杨家将杨六郎的传说，所以笔者将此亭取名为“将星亭”，为这小游园“点睛”。

**图 05** 2019 年 9 月 26 日，黄岩区屿头乡沙滩村同济大学黄岩美丽乡村规划教学实践基地，同济·黄岩党建教育基地揭牌成立。（图片来源：无人机拍摄，张宇微提供）

# 第五章　组织振兴

本章着重记录了同济·黄岩校地合作在乡村组织振兴方面的努力。组织振兴是乡村振兴的保障。黄岩区“三级书记一个群”形成了扁平化的工作模式。坚强的农村基层党组织建设、积极有效的村民参与美丽乡村共建，是乡村社会“充满活力、安定有序”的重要保障。同济·黄岩党建教育基地的成立，为同济大学年轻学子和黄岩地方青年干部提供了锤炼意志、建功立业的舞台。

图 240 记　2013 年 3 月 20 日，在头陀镇白湖塘村，同济大学杨贵庆教授（左一）和区农办主任戴庭曦（右一）组织美丽乡村项目点的政府部门和乡镇干部，跨乡镇考察调研，探讨美丽乡村建设理念。戴冠福（右三）、钟鹏鸥（右二）等在场。头陀镇白湖塘村拥有美丽的白湖塘和白鹭栖息地，生态环境优美，作为同济・黄岩美丽乡村规划团队进驻黄岩开展工作的第一批项目之一进行规划设计。美丽乡村建设其中一项重要工作就是要帮助提升乡镇干部相关的理论水平和决策能力，使地方干部在日常工作决策中注重当下与未来乡村发展目标的关联。

图 240　组织美丽乡村项目点的乡镇干部考察调研。（图片来源：杨贵庆教授团队）

图 241　组织暑期工作营师生深入调研乡村，了解村民诉求。（图片来源：杨贵庆教授团队）

**图 241 记**　2013 年 8 月 2 日，在头陀镇白湖塘村的村委会村民活动室，同济大学美丽乡村规划调研师生与白湖塘村委干部访谈后合影。前排是同济大学杨贵庆教授（前排中）和村委会干部，后排是同济大学城市规划专业研究生孙小淳（后排左二），本科生张梦怡（后排左一）、李吉桓（后排右一）和实习生刘一帆（后排右二）。为了编制实用型的村庄规划，必须切实了解村庄社会经济和历史人文现状，了解村庄的优势劣势，了解村民急难愁盼的诉求，这样才能使得规划实施的结果让村民拥有获得感，才能更好地团结广大群众形成不断进步的动力与合力。

图 242 记　2014 年 3 月 26 日，在屿头乡沙滩村由兽医站改建而成的同济大学黄岩美丽乡村规划教学实践基地工作室，杨贵庆教授（左五）正在向大家介绍沙滩村规划理念和实施推进思路。区农办主任戴庭曦（左六），区住房和城乡建设局宁溪分局局长彭艳艳（左三），屿头乡主持工作的乡长钟鹏鸥（左四），组织委员茅国志（左一），台州城建设计研究院副院长黄伟忠（前排右一）等参加。大家都在认真听、认真看。美丽乡村建设需要集思广益，需要各方力量共同参与，并且需要协调好各方意见形成共识，才能实施好规划。深入沟通交流和广泛的协作共赢是乡村规划编制工作的重要准则。

图 242　组织区相关部门、乡镇领导和地方设计人员共同讨论设计方案。（图片来源：杨贵庆教授团队）

图 243 组织相关部门、乡镇干部和设计单位实地检查方案实施情况，及时反馈意见。（图片来源：杨贵庆教授团队）

图 243 记 2014 年 3 月 26 日，在屿头乡沙滩村太极潭一侧的溪坑，同济大学杨贵庆教授（左二）正在向屿头乡副乡长方国华（左一）指出溪坑砌筑的要点。黄岩区住房和城乡建设局宁溪分局局长彭艳艳（右二）和浙江省台州城建设计研究院副院长黄伟忠（右一）一同参加。从图纸方案，到实地落实，需要在地化、陪伴式地讲解和贯彻方案设计的理念和精髓，才能更加直接明了地让大家明白为什么要这样设计。地方乡镇干部一开始相对缺乏专业性的认识，但是，通过实地对照图纸讲解和反馈，就可以较快地提升乡镇干部的专业理解水平，才能够使得他们在第一线的美丽乡村建设指挥作战中，做到心中有数而更加自信。

**图 244 记**　2014 年 8 月，在屿头乡沙滩村，中共台州市委常委、区委书记陈伟义（右三）等听取同济大学杨贵庆教授（右五）关于沙滩村美丽乡村规划建设的工作汇报。台州市农办主任张宇（右二），黄岩区委副书记陈建勋（左二），区农办主任戴庭曦（右一），区农办副主任陈新国（左一），屿头乡党委书记王欣东（右四），乡党委组织委员茅国志（左三），沙滩村村委主任黄志洪（左四）等在场。区委书记率队经常到乡村建设一线督战，一来是对建设项目扎实推进的鞭策，二来也是对第一线干部群众的鼓励。在区委主要领导的调研中，也可及时协调并解决好部门协作和资源配置。

**图 244**　区委主要领导抓美丽乡村建设工作，做好组织保障。（图片来源：黄岩区人民政府办公室）

图 245　组织乡镇干部到现场，指导实施，及时发现并解决问题。（图片来源：杨贵庆教授团队）

图 245 记　2014 年 9 月 18 日，在屿头乡沙滩村太尉巷施工现场，同济大学杨贵庆教授（左一）正在指导项目施工，解决施工人员提出的问题。乡党委书记等乡镇干部全程在现场协调矛盾。由于受建设标准化的影响，长期以来，施工队伍采用标准化操作，这对快速施工、安全施工有益，但标准化施工也会带来样式套用、千篇一律的结果。特别是对于有历史文化底蕴的乡村来说，标准化施工会造成对乡土特色的破坏。在城市新区建设中所形成的装配式、模式化制造，不完全适用于有着悠久岁月的乡村环境。因此，必须因地制宜、因环境施策，协调好村民利益诉求，赓续地方传统特色。

图 246 记　2014 年 9 月 18 日，在屿头乡沙滩村美丽乡村规划教学实践基地工作室，区分管领导到现场调研并协调相关事宜。同济大学杨贵庆教授向区分管领导汇报美丽乡村工作的推进情况。区农办主任戴庭曦、乡党委书记王欣东、区规划资源局、沙滩村委会主任黄志洪等一同参加。二楼会议室的墙上挂着沙滩村美丽乡村启动区“沙滩村社戏广场”规划设计方案。黄岩区在美丽乡村建设中形成了好机制，区委书记亲自抓，相关领导靠前指挥，部门领导及时对接，乡镇和村全面实施推进落地。其中，同济团队发挥智囊团作用，以坚持原则为前提，通过方案调整、优化解决矛盾冲突。

图 246　分管区领导到一线协调美丽乡村建设的资源配置。（图片来源：杨贵庆教授团队）

图 247　屿头乡党政领导分工明确，扎实推进美丽乡村建设。（图片来源：但梦薇提供）

图 247 记　2014 年 10 月 24 日，在屿头乡沙滩村太尉巷建设现场，同济大学杨贵庆教授（左一）正在同乡党委书记王欣东（左二）交流沙滩村美丽乡村建设事宜。乡政府副乡长方国华（右一）、组织委员茅国志（右二）和副乡长王瑾瑾（右三）等一起参加。沙滩村美丽乡村建设是屿头乡当年的重点工作，乡党委书记总抓，每一个分项工程则由一名乡党委、政府班子成员负责，分工明确，齐头并进，扎实有效推进了建设进度。同济杨贵庆教授每次到现场，乡党委书记就召集相关班子成员跟随“路演”，大家提出实施中遇到的困难和问题，请杨教授提出解决办法或修改意见。这样，保证了实施的效果和总体理念相一致。

图 248　和施工人员讨论如何采取简便施工方法达到所需效果。（图片来源：杨贵庆教授团队）

**图 248 记**　2014 年 10 月 24 日，在屿头乡沙滩村，同济大学杨贵庆教授（左一）正在和施工人员讨论如何采用更为节省简便的方法达到铺石板的自然效果。长期以来，施工人员按照图纸施工已经成为规范。如果图纸中出现的曲线，施工人员就会按照曲线来施工，即便是大石板，也会用工具很费力地把大石板磨出一个规则的曲线。大石板是乡土石材，手工感很足，可以不必强求精确直线或圆弧。然而，一些设计师在图上按照设计概念画出的弯弧，就让施工人员十分费力地把乡土材料加工成精确的弯弧，这样做既费工，又费材料，而且在加工石材过程中产生不少粉尘污染。杨贵庆指出，要根据材料的特点进行铺装，因材制宜。

**图 249** 黄岩区委主要领导深入一线指挥历史文化村落保护和利用工作。（图纸来源：杨贵庆团队）

**图 249 记** 2015 年 8 月 3 日，在黄岩区宁溪镇乌岩头古村村口，中共台州市市委常委、黄岩区委书记陈伟义（前排右二）正在听取同济大学杨贵庆教授（前排右一）的介绍。区委副书记陈建勋（前排右三）等一同参加。2014 年 11 月黄岩区成功举办了台州市美丽乡村工作现场会，2015 年年初开始全面开展乌岩头古村这一省级历史文化村落保护和利用工作。同济大学与黄岩区深入开展美丽乡村建设校地合作，由杨贵庆教授主持该项目的整体策划和实施。区委书记定期到一线督战指挥，为项目实施提供了坚强的组织保障，极大地调动了乡镇干部干事业的积极性。

图 250 记　2015 年 8 月 3 日，屿头乡“演太线”东坞区块，中共台州市市委常委、黄岩区委书记陈伟义（前排右一）等区领导看望同济大学杨贵庆（前排右二）师生团队。区委副书记陈建勋，屿头乡党委书记王欣东、乡长陈康，同济规划院王祯规划师、黄璜助理规划师等参加。自 2013 年同济大学和黄岩区开展美丽乡村规划校地合作以来，黄岩区委区政府对同济大学师生团队在黄岩开展美丽乡村工作予以全力支持，共同开展黄岩西部美丽乡村建设的先锋实践，把先进的规划理念和科学的建造范式引入黄岩具体的实践项目，形成了《黄岩实践——美丽乡村规划建设探索》等著作成果出版。

图 250　黄岩区委主要领导看望正在一线工作的同济黄岩美丽乡村规划师生团队。（图片来源：万成伟提供）

图 251　组织开展黄岩村庄建设风貌设计技术导则的调研工作。（图片来源：黄璜提供）

图 251 记　2015 年 8 月 5 日，在宁溪镇乌岩头古村村口的美丽乡村规划工作室，同济大学杨贵庆教授（坐者左一）正在向黄岩区住房和城乡建设局副局长张凌（坐者左二）汇报组织开展长潭湖地区村庄建设风貌设计技术导则的调研安排，并结合乌岩头古村的情况介绍研究框架。宁溪镇相关领导，以及乌岩头村党支部书记陈景岳（站者左一）和村主任陈元彬（站者右一）一同参加。2015 年 8 月至 10 月，同济大学黄岩美丽乡村教学实践基地组织师生开展了黄岩长潭湖库区 5 乡 2 镇的村庄风貌现状调研，涉及屿头乡、上垟乡、平田乡、富山乡、上郑乡，以及宁溪镇和北洋镇。

图 252 记　2015 年 8 月 6 日，在富山乡，同济大学杨贵庆教授正在向乡领导了解村庄建设的情况。区住房和城乡建设局宁溪分局局长彭艳艳，同济大学规划师王祯和研究生等参加。在黄岩区区委、区政府倡导下，黄岩区村镇规划建设管理处组织委托杨贵庆教授团队编制《黄岩区长潭湖地区村庄建设风貌设计技术导则》，并在此基础上开展“黄岩区长潭湖地区村庄建设风貌控制管理办法研究”。通过技术导则和管理方法的出台，规范长潭湖地区农居村庄设计，营造黄岩区西部乡村民居风貌，彰显村庄特色。实地调研工作带动了各有关乡镇对村民建房和村庄风貌的关注度，提升了认知度。

图 252　组织开展村庄建设风貌的实地调研工作。（图片来源：杨贵庆教授团队）

图 253　在施工现场给施工人员讲解花坛的砌筑方法。(图片来源：杨贵庆教授团队)

图 253 记　2015 年 7 月，在宁溪镇乌岩头古村村口的在建公共厕所前，同济大学杨贵庆教授（图中下蹲者）正在向施工人员讲解无障碍坡道和台阶之间用砖砌花坛连接的办法。在较多的情况下，地方设计院在深化同济规划设计方案图的过程中，施工图纸并未深化到一些细部处理。这使得施工人员无法操作，或者导致乱操作。因此，在地化、陪伴式的乡村建设工作方法就起到十分重要的作用，能够在现场及时指导、补充、调整或修改相关的细化方案。这样既节省时间，又能保证施工效果。此外，通过在地化指导，把乡村建设的新理念和新方法带到地方，拓展地方工作人员的视野。

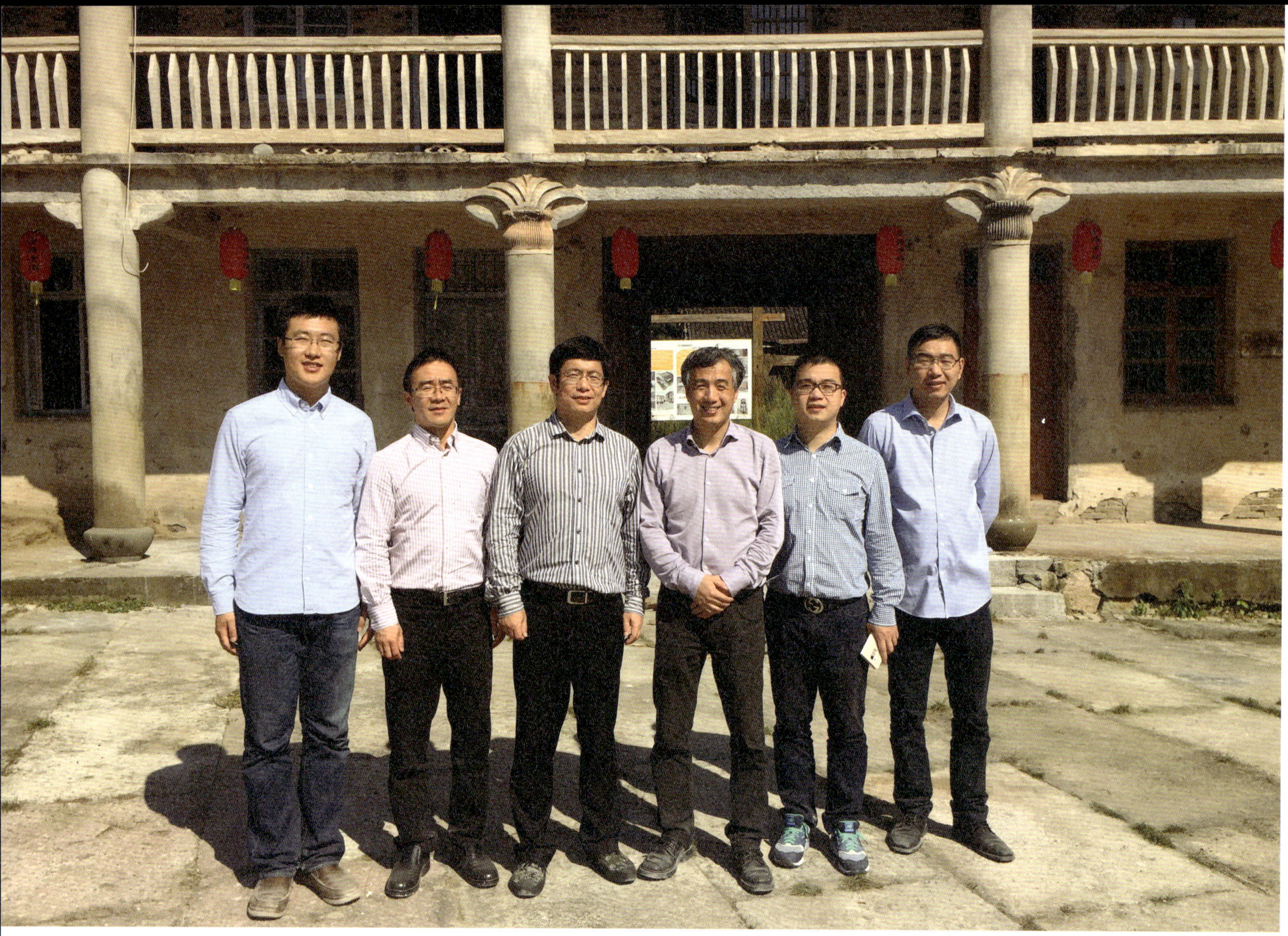

图 254 记　2015 年 10 月 15 日，在屿头乡沙滩村原乡公所楼前，区委副书记陈建勋（左三）到现场看望同济大学杨贵庆教授（右三）团队，推进美丽乡村建设工作。区农办主任戴庭曦（左二），屿头乡党委书记王欣东（右二）、乡长陈康（右一），规划师王祯（左一）等参加。照片背景是已清理好的原乡公所（乡人民政府办公场所）主立面，将被改造转型为具有乡土特色的“乡府酒店”。虽然是 20 世纪 70 年代的建筑，历史不算太悠久，但其风格（如柱头上万年青装饰等）具有鲜明的特定时代记忆，改造和再利用价值较高。通过经常性的交流探讨，黄岩美丽乡村建设工作的思路更加拓展。

图 254　区委副书记到现场与同济团队讨论美丽乡村建设工作。（图片来源：王祯提供）

图 255　区委主要领导专门邀请同济团队探讨传统村落保护和利用工作。（图片来源：王祯拍摄）

图 255 记　2015 年 10 月 15 日傍晚，中共台州市委常委、黄岩区委书记陈伟义（右一）在区委办公室接见同济大学杨贵庆教授（右二）等。区农办主任戴庭曦（左一）一同参加。黄岩历史人文底蕴深厚，已经申报成功多个浙江省省级历史文化村落保护和利用重点村。宁溪镇乌岩头古村正在同济杨贵庆教授团队的主持下实施保护和利用工作。陈伟义书记专门听取了乌岩头古村的规划理念和实施措施，对于同济团队提出的乌岩头古村采用“活化再生”的理念予以肯定，希望同济团队大胆探索，把先进的保护理念和积极的保护方法运用于乌岩头古村的实践中，探索出黄岩的样本和经验。

图 256 记　2015 年 10 月 15 日午后，在屿头乡沙滩村社戏广场，黄岩区委副书记陈建勋（中）专程看望在现场工作的同济大学杨贵庆教授（左二）团队。区农办主任戴庭曦（右二），屿头乡党委书记王欣东（右一）、乡长陈康（左一）等一同参加。自 2013 年来，同济黄岩美丽乡村建设校地合作密切深入，以沙滩村等为实践，2014 年 11 月作为台州市美丽乡村工作现场会参观点，获得了较好的社会反响，得到了村民的认可。无论是村庄的环境卫生、村容村貌，还是村庄人文历史内涵的挖掘和展示，都使得沙滩村发生了质的飞跃。校地合作推进美丽乡村建设，探索出了黄岩经验。

图 256　区委副书记到沙滩村的同济大学黄岩美丽乡村规划教学实践基地看望同济团队。（图片来源：王祯拍摄）

图 257　镇党委政府主要领导抓美丽乡村建设。（图片来源：王祯提供）

**图 257 记**　2015 年 10 月 29 日，在宁溪镇乌岩头古村建设现场，宁溪镇党委书记车献晨（左三）率领党政班子主要领导听取同济大学杨贵庆教授（右三）对现场施工情况的点评。镇党委副书记、镇长胡鸥（左二），副书记杨毅（右二），城建办主任王华（左一），硕士研究生章丽娜（右一）等一同参加。乌岩头古村被列入浙江省历史文化村落保护和利用工作重点村，正推进全面工程实施。镇党委一把手组织班子抓美丽乡村建设，切实推进传统村落保护和利用，形成了强有力的组织保障。同时，乡镇干部在干事业中得到锻炼，积累了才干。

图 258　美丽乡村建设在陪伴式规划实施过程中形成建设者同盟。（图片来源：黄岩区宁溪镇人民政府办公室）

图 258 记　2015 年 10 月，在宁溪镇乌岩头古村村口，同济大学杨贵庆教授（肩背布袋者）向大家讲解施工的要求和改正的方法。镇党委副书记、镇长胡鸥，副书记杨毅，城建办主任王华，村主任陈元彬，施工队长应荷友等参加。在地化规划就是在规划方案编制完成后，在实施过程中加以指导，实地讲解规划方案的理念和实施路径，让大家认识到为什么这样做的道理。在讲解的过程中，须融会贯通物质环境改造、社会经济和历史文化要素，结合当前和长远，结合集体利益和村民诉求，结合实用美观和经济效益，等等。通过建设者同盟的经常性沟通，协调了各方利益，锻炼了干部队伍。

**图 259** 现场推进乌岩头古村保护和利用工作的实施。（图片来源：王祯拍摄）

**图 259 记** 2015 年 12 月 30 日，在宁溪镇乌岩头古村内，同济大学杨贵庆教授（左三）双手握展规划设计图纸，指导施工建设。区农办主任戴庭曦（左二），镇党委副书记杨毅（右一），城建办主任王华（右三），施工队队长应荷友（右四）等一起参加。乌岩头古村的保护和利用改造实施工程正在紧锣密鼓地进行，乌凤阁广场的场地已经整备好，民俗博物馆所在的四合院正在进行适应性改造，实现传统村落“旧瓶装新酒”的活化再生理念。这是 2015 年年末，再过两天，日历就将翻篇至 2016 年元旦。一束阳光正好从天空洒下，大家信心满怀地期待乌岩头古村的建设在来年有更大的成绩。

**图 260 记** 2016 年 3 月 9 日上午，在宁溪镇乌岩头古村，浙江省委农村工作办公室（简称“省农办”）严杰副主任（正厅级）（前排左二）考察历史文化村落的保护和利用工作。乌岩头村被列入浙江省第三批省级历史文化村落保护和利用重点村名录。省农办此行的目的是来决定推荐当年浙江全省历史文化村落保护和利用工作现场会的举办城市和考察点。中共台州市委常委、黄岩区委书记陈伟义（右一）和区委副书记陈建勋（前排左一）陪同考察。同济大学杨贵庆教授（右二）向省农办领导汇报村落保护和利用规划理念及做法。此行对决定由黄岩区承办当年全省现场会提供了基础。

**图 260** 浙江省农办副主任严杰考察宁溪镇乌岩头古村。（图片来源：黄岩区农办）

**图 261** 黄岩区委领导现场办公推进历史文化村落保护和利用工作。（图片来源：王祯提供）

**图 261 记** 2016 年 3 月 23 日上午，在北洋镇潮济村村口，中共台州市市委常委、黄岩区委书记陈伟义（前排右二）和区委副书记陈建勋（前排右三）现场指导推进潮济村历史文化村落保护和利用工作。潮济村（老街区块）被列入浙江省历史文化村落保护和利用重点村名录。为了更好地迎接 2016 年浙江省级历史文化村落保护和利用工作现场会在黄岩召开，黄岩区委区政府计划选择北洋镇潮济村、宁溪镇乌岩头古村和屿头乡沙滩村作为现场会的考察点。同济大学杨贵庆教授（前排右四）受邀对如何改善提升潮济村重要节点品质提出了建议。

**图 262 记**　2016 年 7 月 26 日，在屿头乡沙滩村的同济大学黄岩美丽乡村规划教学实践基地工作室，杨贵庆教授（右二）和屿头乡党委政府主要领导讨论东坞的未来发展规划方案。乡党委书记王欣东（左一），乡长陈康（右一），乡旅游发展公司袁伟达（中间站立者），规划师王祯（左二）等参加。东坞区块未来可以作为自驾车房车营地来规划考虑，虽然目标比较远，但是可以提前做好谋划，近期可以作为柔川景区旅游配套的停车场考虑。乡党委政府主要领导亲临一线抓美丽乡村建设，既考虑近期的环境整治，又谋划乡村未来产业发展，在交流讨论中形成共识，大家一起做规划。

**图 262**　组织讨论屿头乡东坞区块未来发展的布局安排。（图片来源：黄璜拍摄）

图 263（上、下） 共同参与讨论决定美丽乡村规划和建设过程。（图片来源：杨贵庆教授团队）

图 263 记 2015 年 5 月，在宁溪镇乌岩头古村村口打米场屋内，刚刚清理完陈年的杂物垃圾之后，大家终于可以坐下来聊一下老村的发展思路（上图）。这个村集体资产建筑，曾被租赁作为加工作坊，之后逐渐破败、无人问津。屋内还未改造，大家找来桌椅，共同交流。同济大学杨贵庆教授（右二），区农办主任戴庭曦（中）、宁溪镇镇长胡鸥（左二），镇党委副书记周勤丰（左一），城建办陈波（右一）等参加。一年之后 2016 年 7 月，房屋改造完工，室内添置了办公家具，可以展开规划图纸供更多人交流（下图）。从镇党委书记到镇职能部门干部，村支书村主任、施工队队长等，在一起讨论确定推进老村建设方案。

图 264　黄岩区农办主任朱世聪到沙滩村东坞调研。（图片来源：黄岩区屿头乡人民政府办公室）

图 264 记　2017 年 8 月，在屿头乡沙滩村东坞区块，黄岩区农办主任朱世聪（右二）调研东坞作为“演太线”重要节点的规划建设情况。屿头乡党委书记陈康（右三）和沙滩村主任黄志洪（右一）等参加。杨贵庆教授（左二）介绍了东坞规划建设的理念，助理规划师王祯（左一）协助介绍。黄岩区农办、屿头乡党委政府和沙滩村书记主任，以及同济黄岩美丽乡村团队之间，建立了定期到现场了解和推进美丽乡村建设的工作机制，及时了解问题，制订解决方案，形成了互动式、参与式和渐进式的在地化工作方法，有效地完成了建设项目从规划图纸到落地建成的全过程。

**图 265** 贡橘园规划最初调研过程中了解蔡家洋村的发展意愿。（图片来源：李帅君拍摄）

**图 265 记** 2017 年 9 月 9 日中午时分，在南城街道蔡家洋村，因贡橘园项目规划的调研，同济大学杨贵庆教授（右三）深入村庄，了解村民发展意愿。街道党工委书记王永林（右四），街道办事处副主任陈会岳（左一），村党支部书记张顶端（右一）和村委会主任魏建春（右二）参加。贡橘园项目实施之前，作为城乡结合部的蔡家洋村，村庄环境脏乱差情况十分严重，村民建房风貌零乱，生态环境恶化严重，柑橘种植面积锐减，大片优质柑橘林迅速被低质工业厂房区块蚕食。黄岩区委区政府及时启动了保护和振兴黄岩蜜橘的行动，结合美丽乡村建设行动，改善乡村人居环境。

**图 266** 区领导专门征求专家意见扎实推进城乡建设。（图片来源：杨贵庆教授团队）

**图 266 记** 2017 年 11 月，在黄岩区政府大楼小会议室，区委副书记、区长陈建勋（前排左二）向同济大学杨贵庆教授（前排左一）征求黄岩区城乡建设规划的意见。副区长车献晨（前排右二）等参加。在城乡融合、协调发展的背景下，黄岩城乡空间格局面临新的发展机遇和挑战，在快速发展过程中，需要特别重视黄岩历史文化要素的保护和赓续，正确处理新与旧、发展与保护的矛盾冲突。黄岩城区的历史文化遗存“五洞桥”由于历史原因，150 年之前从“五洞”变成了“四洞”，其中一洞被填埋并造了房屋。在区委区政府的努力下，要把“四洞”重新变回“五洞”，让历史人文精华重放光彩。

**图 267** 头陀老街保护利用工作座谈会广泛征求乡贤意见。（图片来源：黄岩区头陀镇人民政府办公室）

**图267记** 2018年3月20日上午，在头陀镇人民政府办公大楼外侧，参加“头陀老街保护利用工作座谈会”人员合影。此前一年，浙江省批准将头陀镇头陀村（老街）列入“浙江省历史文化村落保护和利用重点村”名录并予以资金和土地政策支持。上海同济城市规划设计研究院承担了该项目的规划编制任务，并结合2018届城市规划专业本科生毕业设计开展教学实践活动。为了更广泛深入挖掘头陀老街历史人文资源，更加结合头陀发展实际编制规划，头陀镇党委书记李友斌和同济大学带队教师杨贵庆、杨帆等组织举办了本次座谈会。座谈会得到了头陀镇众多乡贤的积极响应。

**图 268 记** 2018 年 8 月，在屿头乡沙滩村东坞入口的牌坊下，同济大学黄岩乡村振兴团队师生和区干部党员代表一起，整装出发徒步“演太线”。区人民政府副区长董阿林，区府办主任戴庭曦，乡党委书记陈康，高桥街道党工委书记杨云德，区农业局副局长杨康等干部和党员代表，同济大学杨贵庆教授、宋代军高级工程师等师生共 26 人参加。这次活动作为主题党建教育活动，旨在建立同济研究生党支部和黄岩区有关乡镇、街道办事处党支部年轻党员的桥梁。乡村振兴召唤更多优秀年轻人共同参与！大家徒步穿越“演太线”，精准扶贫沿线的若干贫困村庄，为乡村振兴走出一条特色路径。

**图 268** 组织同济师生和地方干部党员代表徒步“演太线”。（图片来源：黄岩区屿头乡人民政府办公室）

图 269　及时指出在施工过程中的问题，给大家讲解修改的办法。（图片来源：黄岩区宁溪镇人民政府办公室）

**图 269 记**　2018 年 9 月 19 日，在宁溪镇乌岩头村乡村振兴学院配建的停车场施工现场，同济大学杨贵庆教授（图中下蹲者）正在讲解花坛砌筑的正确方法。黄岩交旅投董事长郭海斌（站者右一）和宁溪镇党委副书记陈鸣瑞（站者右二）等专注听讲。由于种种原因，这个花坛砌筑直角形状的时候，只考虑了花坛自身的图案形状，并未充分考虑车辆进出时轮子转弯可能带来的撞击，因此，必须考虑一个适当的弯弧或斜角，避免车轮刮碰。诸如此类的细部错误，必须在水泥未干之前就及时加以指正，才能方便修改。否则到全部完工之后再改造，将造成很大浪费，或导致车辆损坏和赔偿纠纷。

**图 270 记** 2018 年 4 月 25 日下午，同济大学党委副书记徐建平教授（左五）率队到黄岩区宁溪镇乌岩头村调研指导校地合作工作。这也是一次同济大学黄岩乡村振兴专项社会实践活动，来之前在屿头乡沙滩村举行了“同济大学乡村振兴研习社”成立揭牌仪式。参加的成员还有校团委副书记刘扬（右二）、校团委副书记（兼职）陈晨（右三），建筑与城市规划学院团委书记方勤（左二）、蒋亦秋（左一）和彭婧（右一），城市规划系系主任杨贵庆教授（左四）。黄岩区副区长车献晨（左六），区团委书记符求（右四），宁溪镇镇长杨毅（右五），镇党委副书记陈鸣瑞（左三）等共同参加。

**图 270** 校党委副书记率队调研指导校地合作乡村振兴项目。（图片来源：黄岩区宁溪镇人民政府办公室）

图 271　同济研究生党支部赴宁溪镇开展党支部共建助推乡村振兴活动。（图片来源：张宇微提供）

**图 271 记**　2018 年 12 月 1 日，在宁溪镇乌岩头古村“同济 · 黄岩乡村振兴学院（南校区）”研讨室，“同济 · 黄岩党支部共建助推乡村振兴活动”座谈会正在举行。该活动由同济大学建筑与城市规划学院研究生党总支、教工第六支部指导，研究生第八支部、第一支部联合主办，16 名研究生党员和入党积极分子参加。中共黄岩区宁溪镇委员会、乌岩头村党支部有关人员参加。座谈会上，村支委介绍了村的发展历程，对同济大学杨贵庆教授团队在宁溪镇乡村振兴实践给予高度评价。研究生支部党员积极与当地村支委交谈，从基层老党员身上学习实干精神以及全心全意为人民服务的态度。

图 272 记　2018 年 12 月 1 日下午，在宁溪镇乌岩头古村“同济·黄岩乡村振兴学院（南校区）”展览厅，同济大学研究生党支部党员们参观了“与祖国同行·以科教济世——同济·黄岩乡村振兴规划建设回顾展（2013—2018）”。此次活动的目的，是实地考察学习同济大学杨贵庆教授团队和地方干部群众通过紧密校地合作，6 年来扎根黄岩乡村、奋力实施乡村振兴的成果。通过参观、交流，年轻的研究生党员和入党积极分子，切实感受到实施乡村振兴战略为传统村落保护和发展带来的巨大变化。年轻一代的接续奋斗，为推进我国实施乡村振兴战略的伟大事业而薪火相传。

图 272　同济研究生党支部参观设在宁溪镇的同济·黄岩乡村振兴规划建设展览。（图片来源：张宇微提供）

**图 273** 同济研究生党支部成员和宁溪镇乌岩头村支委党员座谈会后合影。（图片来源：张宇微提供）

**图 273 记** 2018 年 12 月 1 日，在宁溪镇乌岩头古村的“同济 · 黄岩乡村振兴学院（南校区）”，参加座谈会的同济大学研究生党支部党员和入党积极分子，与乌岩头党支部党员代表合影。这是一次年轻的研究生党员深入乡村一线的专题调研，了解乡村老党员的奋斗和坚守。这也是一次年轻人的乡村“逆行”，高校的莘莘学子响应党中央号召，参与实施乡村振兴战略。党建引领，组织振兴，是实施乡村振兴战略的重要保障。年轻的研究生党员在调研考察中更加感受到肩负的历史使命和时代重任，努力通过过硬的专业技术，为乡村振兴贡献智慧和力量！

图 274 记　2018 年 12 月 2 日下午，在屿头乡沙滩村的“同济大学黄岩美丽乡村规划教学实践基地”工作室大门外，参加座谈会的同济大学研究生党支部党员和入党积极分子，与屿头乡和沙滩村党支部党员代表合影。屿头乡党委副书记周步春参加活动。座谈会上，周步春副书记热情介绍了沙滩村的发展历程和校地合作努力取得的成绩，回答了支部研究生党员所提出的乡村振兴的有关问题。沙滩村党支部书记黄官森、副书记、文书等参加座谈会与合影。研究生党员徒步“演太线”，实地调研前山头村、引坑村，深入了解了黄岩西部小山村的变化。

图 274　同济研究生党支部成员和屿头乡沙滩村村支委党员座谈会后合影。（图片来源：张宇微提供）

图 275　共同商讨头陀村老街区块的改造思路。（图片来源：肖颖禾拍摄）

图 275 记　2019 年 2 月 28 日下午，在头陀镇头陀村老街，同济大学杨贵庆教授（左二）和镇党委书记黄革军（右三）讨论老街改造方案。镇党委副书记徐志海（右二）等一同参加。头陀村被列入浙江省历史文化村落保护和利用重点村。其保护和利用的规划方案通过省农办组织的专家优评。头陀老街历史上因“头陀修桥”的头陀桥而闻名黄岩，是黄岩著名的“三桥”之一，源于四通八达的水运河道所形成的商贾云集、规模巨大的集市。以手工业产品为主要商品贸易的集市，需要固定的门店铺面，因而头陀老街商铺林立。但是如今，时过境迁，过去的商业模式不再，因此老街全面衰败。

图 276 记　2019 年 4 月 3 日上午，在南城街道山前村，同济大学杨贵庆教授（左三）和山前村党总支书记张胜荣（右一）交流环土屿山文化公园建设的构思并征求村里意见。硕士生杨怡（左一）、肖颖禾（左二）等参加。村书记自他担任山前村村委会主任起，就带头筹集资金改造村里农房，整治环境，壮大村集体经济，赢得了大家肯定。目前该村已成为明星村。这类城郊融合类村庄虽具有邻近城区的区位优势，地价、房价升值快，但整体上的发展参差不齐，面临整体发展提升的重任。通过挖掘土屿山文化底蕴、建设土屿山文化公园，可以带动周边更多村庄的连片发展。

图 276　共同商讨南城街道土屿山文化公园建设带动周边乡村发展。（图片来源：黄岩区南城街道办事处）

图 277　参加黄岩贡橘园（二期）民建村区块建设意见征询会的干部群众合影。（图片来源：黄岩区南城街道办事处）

图 277 记　2019 年 6 月 18 日，在南城街道民建村，参加贡橘园民建村区块建设意见征询会的人员合影。街道党工委书记陈虹（左四），办事处主任汪雄俊（左三）带领工作专班成员，与民建村干部和同济大学杨贵庆教授（右七）师生一同参加。街道纪工委书记王辉（左一），街道办事处常务副主任郑斌（左二），街道宣传委员黄伟（右四），街道人大常委会副主任官薇薇（右一），街道工作人员潘国鹏（左五），村党支部书记陈春宝（右六），村委主任陈卫星（左六），村委委员黄灵芳（右五），同济大学硕士生肖颖禾（右二）、杨怡（右三）等参加。大家满怀信心，期待民建村的全面振兴。

**图 278 记**　2019 年 8 月 6 日上午，在南城街道蔡家洋村贡橘园建设工地，同济大学杨贵庆教授（右二）正在回答施工中的相关问题。街道党工委书记陈虹（右一），副书记王辉（左一），办事处副主任陈会岳（左二），村党支部书记张顶端（右三），施工队长应荷友（左三）等参加。街道党工委书记一线指挥，组织成立项目专班全程督导，为保证进度、保证质量完成项目建设提供了强有力的组织保障。从方案到落地实施，只有通过“钉钉子精神”，才能把美好蓝图落到实地。黄岩贡橘园的规划建设，正在努力探索实践以田园综合体理念推进乡村振兴的黄岩路径。

**图 278**　现场回答各方提出的贡橘园建设的相关问题。(图片来源：黄岩区南城街道办事处)

**图 279**　组织黄岩贡橘园北入口民建村的规划意见征询会。（图片来源：黄岩区南城街道办事处）

**图 279 记**　2019 年 8 月 16 日上午，在南城街道蔡家洋村的好景轩二楼，同济大学杨贵庆教授（左二）正在介绍贡橘园北入口建设方案，征询各方意见。黄岩区规划与自然资源局副局长刘烈雄（左三），南城街道党工委书记陈虹（前排右二），办事处主任汪雄俊（左一），上海同济城市规划设计研究院高级工程师宋代军（右一）等参加。参会讨论的还有黄岩区农业农村局领导，邀请了台州市城乡规划设计院的专业人员等一同参加。从 2018 年以来，经过一年多的奋力拼搏，贡橘园一期暨蔡家洋村区块的建设顺利完成，二期将实施贡橘园北入口，带动民建村区块的环境整治改造，提升村庄宜居品质。

图 280（上、下） 同济·黄岩党建教育基地揭牌后第一次上党课。（图片来源：黄岩区人民政府办公室）

**图 280 记** 2019 年 9 月 26 日，在屿头乡沙滩村的“同济·黄岩乡村振兴学院（北校区）”的报告厅，中共黄岩区委组织部龚维灿部长主持党建教育活动（上图右一）。同济大学建筑与城市规划学院党委书记彭震伟教授（上图左一）给学员讲“守初心、担使命、找差距、抓落实”主题党课（下图）。这是同济·黄岩党建教育基地揭牌后上第一次党课。黄岩区各部门、各乡镇党建骨干和美丽乡村建设重点村的党支部书记，以及部分同济大学师生，共 80 人参加了党课。彭震伟教授围绕国家实施乡村振兴战略的大背景，把党建引领和组织振兴相结合，把乡村振兴和实现中华民族伟大复兴的中国梦相结合，阐释了党建教育在乡村振兴中的重要意义。

图 281　同济师生组织乡村振兴主题党日活动赴黄岩西部乡村。（图片来源：同济大学建筑与城市规划学院研究生工作办公室）

**图 281 记**　2019 年 9 月 27 日，在宁溪镇乌岩头古村乌凤阁广场，同济大学建筑与城市规划学院研究生工作办公室部分老师率领研究生党员和入党积极分子，到黄岩西部乡村开展主题党日活动，大家共同高歌赞美祖国。自 2013 年开始，同济大学美丽乡村规划教学实践和乡村振兴的校地合作，到 2019 年已第七个年头，完成了屿头乡沙滩村，宁溪镇乌岩头古村、直街村的规划实施，并开始了南城街道蔡家洋村，高桥街道瓦瓷窑村，头陀镇头陀村的建设施工，乡村振兴校地合作在黄岩西部乡村以点带面扎实推进。乡村振兴事业感召了一批批年轻学子，在新时代锻造为人民服务的专业本领。

图 282 记　2019 年 12 月 25 日，在高桥街道瓦瓷窑村的在建停车场路廊前，同济大学杨贵庆教授（前排右四）和街道、村干部等合影。街道党工委副书记、办事处主任毕建勇（前排左五），党工委副书记张益（前排右三），党工委委员朱晓龙（前排右二），街道驻村干部王岳永（前排左四），村委主任杨射龙（前排左三），施工设计单位负责人屈文中（前排左一）与设计师金龙（前排右一），项目施工队长朱林法（前排左二），以及随行研究生（后排）等参加。瓦瓷窑村美丽乡村建设推进顺利，一期戏台广场区块已完成。为了今后村民和游客所需，利用零碎用地配建停车场十分必要。

图 282　组织推进瓦瓷窑村的停车场建设。（图片来源：杨贵庆教授团队）

图 283　进一步同街道办事处和村干部讨论民建村火山公园的建设方案。（图片来源：黄岩区南城街道办事处）

图 283 记　2019 年 12 月 25 日上午，在南城街道民建村，同济大学杨贵庆教授（右二）向村委会干部讲解火山公园建设方案。街道办事处主任汪雄俊（右三），办事处副主任陈会岳（左一），人大常委会副主任官薇薇（右一），民建村委会主任陈卫星（左三），村委委员黄灵芳（左二）等一同参加。民建村党支部书记陈春宝也在场。黄岩贡橘园北入口的位置在民建村，因此，把贡橘园“田园综合体”规划建设的过程，同民建村乡村振兴的工作有机结合，带动村庄的产业发展，挖掘村庄的历史文化底蕴，并建设好村民和游客共享的火山公园，实现城郊融合类村庄的可持续发展。

图 284 记　2020 年 1 月 12 日，在屿头乡前礁村赵伯澐古墓外，同济大学杨贵庆教授（左三）正在聆听赵氏族人赵文喜（左二）等关于宋韵文化园的建设意见。乡党委宣传委员黄文魁（左四）等在场。这个刚修建完工的“伯澐亭”是宋韵文化园规划的一个项目，专门用来纪念这位主持修造黄岩五洞桥的功臣。赵伯澐又因是北宋开国皇帝赵匡胤第七世孙而使其身份更加尊贵，其古墓中发掘的南宋系列服饰考古价值极大。这一独特的历史人文素材为当地乡村振兴注入了生机。需要通过准确定位和高水平规划设计，才能符合山水格局和古墓主人风尚的一致性。

图 284　向当地村民征询规划建设宋韵文化园的意见。（图片来源：杨贵庆教授团队）

**图 285** 组织各方讨论贡橘园北入口火山公园和民建村公共设施方案。（图片来源：黄岩区南城街道办事处）

**图285记** 2020年1月13日上午，在南城街道蔡家洋村好景轩二楼，黄岩贡橘园北入口建设方案讨论会和工作协调会正在举行。会议由街道党工委书记陈虹召集，邀请了区自然资源规划局、水利局等部门领导，区农业农村局王立宏副局长，区交旅投公司董事长郭海斌（右二）、陈海虹，街道办事处主任汪雄俊（右一）等参加。同济大学杨贵庆教授（左一）认真听取了各方面意见，对施工过程中可能产生的问题作了说明。乡村振兴需要充分结合地方资源禀赋进行创新设想、创新实践，而创新工作必定会遇到困难和阻碍，这就需要协调各方，以实现发展为原则，克服前进路上的种种困难和挑战。

图 286 记　2020 年 1 月 14 日上午，在宁溪镇乌岩头古村的同济大学黄岩美丽乡村规划教学实践基地工作室“添秋轩”门外，同济大学杨贵庆教授（前排中）和镇党委书记胡鸥（前排左二）、党委副书记陈鸣瑞（前排右二）等合影。镇城建办主任王华（前排右一），上海同济城市规划设计研究院高级工程师宋代军（前排左一）等参加。随行的还有同济大学城乡规划专业硕士生，他们是参加同济大学黄岩乡村振兴 2020 寒假工作营的部分成员，包括来自法国斯特拉斯堡大学和同济大学双硕士学位的研究生玛莉（后排左一）。此行的目的是深入讨论宁溪镇半山村“空心村”的改造方案。

图 286　组织讨论宁溪镇半山村规划建设协调会之前的合影。（图片来源：黄岩区宁溪镇人民政府办公室）

图 287　瓦瓷窑村老戏台修建完成。（图片来源：杨贵庆教授团队）

**图 287 记**　2020 年春节刚过，同济大学杨贵庆教授（左五）率队到高桥街道瓦瓷窑村调研乡村建设，在已经完成修建的戏台舞台上和相关人员合影。高桥街道党工委书记杨云德（左四），党工委副书记张益（左三），党工委委员朱晓龙（右四），街道主任助理徐智龙（左二），瓦瓷窑村委员会主任杨射龙（右三），临海市设计公司设计师金龙（右二），项目施工队长朱林法（左一）等一起参加。通过“路演”的方式，提出肯定方面或整改的意见。瓦瓷窑村戏台修建是“文化定桩”“点穴启动”的重要一步。戏台修建保留了两侧的老柱子和顶上的横梁，作为有机更新的历史见证。

**图 288 记**　2020 年 7 月 9 日，在屿头乡沙滩村社戏广场大樟树前，台州市政协主席陈伟义（左二）、台州市职业技术学院党委书记李昌道（左一）看望正在开展乡村振兴工作的同济大学杨贵庆教授（右二）。台州市政协副主席、中共黄岩区委书记陈建勋（右一）陪同。陈伟义曾任中共台州市市委常委、黄岩区委书记，李昌道恰与陈伟义书记搭档任黄岩区人民政府区长。他们在任期间大力推进黄岩区和同济大学校地合作，并在 2016 年 1 月 26 日以黄岩区委、区政府名义给同济大学党委书记和校长写感谢信，反映杨贵庆教授把黄岩当“第二故乡”带领师生帮助黄岩规划美丽乡村建设的事迹。

**图 288**　黄岩区主要领导“一任接着一任干”抓美丽乡村建设、乡村振兴工作。（图片来源：杨贵庆教授团队）

图 289　组织地方干部、设计院和施工队在头陀村现场交流。（图片来源：夏小懿拍摄）

图 289 记　2020 年 7 月 10 日上午，在头陀镇头陀村老街区块施工现场，同济大学杨贵庆教授（右三），正在回答施工队队长应荷友（左四）等提出的施工问题。镇党委副书记徐志海（右一），台州市城乡建设设计院王斌（右四）等参加。在建设过程中经常会碰到各种各样问题和矛盾冲突，有的是技术上的，有的是与邻近村民相关的，更有甚者，一些树木种植的品种和方式，也会与村民的喜好产生冲突。为了尽可能保证乡建项目整体工作的推进，保证项目整体质量水平的实现，需要经常到第一线及时沟通交流，及时妥善地处理好矛盾，并尽可能把不利因素转化成有利因素和积极作为。

图290记　2020年7月29日上午，在南城街道民建村村委会办公室，同济大学杨贵庆教授正在向大家讲解贡橘园北入口方案的规划建设要点。街道办事处主任汪雄俊等，区交旅投相关负责人，以及民建村委会干部等参加。分阶段项目沟通交流会十分重要。由于涉及土地使用性质、项目资金、各条线上的行政规定、政策要求或规范限制，以及来自村民的种种诉求，一个太理想的规划方案往往是不太可能实施的。在具体实施中，所谓的理想方案，就是缺点最少的方案。规划师必须协调各方诉求，把实施“可能性”与方案编制和理想目标相结合，从近、远期结合的方式，渐进式向理想迈进。

图 290　组织区交旅投项目实施单位和民建村的工作交流会。（图片来源：夏小懿拍摄）

图 291　同乡镇干部经常性实地交流谋划村庄发展路径。（图片来源：夏小懿拍摄）

**图 291 记**　2020 年 7 月 30 日，在屿头乡沙滩村太尉巷巷口，同济大学杨贵庆教授（右四）同屿头乡乡长（主持工作）陈会力（右三）交流东坞区块的发展建议。是日，适逢北洋镇党委书记卢明宇（右二）和交旅投相关负责人到屿头乡商量北洋镇乡村振兴项目，大伙儿一起驻足在听。屿头乡宣传委员黄文魁（左一）一起参加。自 2013 年“同济大学黄岩美丽乡村规划教学实践基地”揭牌成立以来，校地合作不断深化，黄岩西部乡镇以同济大学杨贵庆教授团队所在的屿头乡沙滩村工作室为“大本营”。只要同济教授团队到现场，一些乡镇干部如果有比较急的事情，就会把事情直接带到屿头乡来讨论。

图 292 记　2020 年 7 月 31 日，在头陀镇头陀村建设指挥部，同济大学杨贵庆教授（左一）正在审阅老街广场施工图纸。镇党委书记黄革军（左二），镇长杨鹏（前排右二），镇党委副书记徐志海（前排左三），头陀居党总支书记应永舜（前排左四）和施工队长应荷友（右一）等参加。头陀村是浙江省历史文化村落保护和利用重点村，既要贯彻积极保护和利用的原则，又要形成建设者同盟。规划师在其中扮演了十分重要的角色，既要看到现状的实际，又要把握历史文化内涵特征和风貌特色，还要考虑村庄内生活力和可持续发展动力，把历史、当下和未来的时间轴贯穿起来。

图 292　组织审阅头陀村老街区块的保护和利用工程施工图。（图片来源：夏小懿拍摄）

图 293　在共同建造完成的瓦瓷窑村路廊下小憩。（图片来源：杨贵庆教授团队）

图 293 记　2020 年 8 月 12 日，在高桥街道瓦瓷窑村，同济大学杨贵庆教授（中）在调研指导村庄建设时，与街道党工委书记杨云德（右一）和瓦瓷窑村村主任杨射龙（左一）在新建完成的停车场路廊内合影。自 2018 年以来，瓦瓷窑村建设取得了突破性发展，按照规划实施完成了第一期工程，包括戏台广场及周边建筑、配套停车场等。2018 年 8 月 4 日中央电视台焦点访谈“教授下乡”节目播出时，瓦瓷窑村的戏台广场才刚开始整理清运垃圾，当时在节目镜头中，大家还有一段关于戏台边建筑的对话。如今，戏台广场整洁优美、又富有地方特色的环境，为瓦瓷窑村民带来了切实收获。

图 294 一起谋划瓦瓷窑村的规划建设。（夏小懿拍摄）

图 294 记　2020 年 8 月 12 日，在改建完成的高桥街道瓦瓷窑村敬老院活动室，街道党工委书记杨云德（左二）正在布置永丰河绿道建设和整体提升村庄人居环境的工作。同济大学杨贵庆教授（左三），街道党工委宣传委员朱晓龙，瓦瓷窑村村委主任杨射龙，设计单位、施工单位代表等参加。自 2018 年以来，同济大学杨贵庆教授团队主持编制了瓦瓷窑村美丽乡村规划，为村庄规划建设构建了发展定位、整体布局。瓦瓷窑村乡村建设从戏台广场开始，通过“点穴启动”“文化定桩”，逐步向纵深推进，将其作为“集聚提升类”村庄类型的典型样本进行打造。

图 295　以文旅推进黄岩西部乡村共同富裕的深入调研。（图片来源：夏小懿拍摄）

图 295 记　2020 年 8 月 14 日，在富山乡半山村，同济大学杨贵庆教授（坐者中）和乡党委书记陈鸣瑞（左一）、区文广体旅局局长叶慧洁（右一）讨论半山村文化旅游促进共同富裕工作。半山村是浙江省级历史文化村落保护和利用重点村，同时又是中国传统村落。由于地处偏僻，交通不便，半山村反而未遭受大拆大建的影响，村落整体格局保护完好，近些年乡村旅游发展形势良好。黄岩西部优质乡村旅游资源如何串点成线、带动更多村庄共同发展？半山村如何突破自身发展瓶颈，提升区域品牌标识度，实现更高质量发展？通过深入调研，大家形成共识，谋划“彩虹西乡、文旅共富”计划。

图 296 记　2020 年 9 月 27 日，在高桥街道瓦瓷窑村刚建造完成的停车场，同济大学杨贵庆教授（左五）和街道党工委书记杨云德（左四）等合影。街道宣传委员朱晓龙（左二），组织委员黄晓琳（左三），瓦瓷窑村副书记杨明桃（左一），村书记助理林佳云（右二），村党员项时楚（右一）、项来顺（右四），施工队长朱林法（右三）等参加。该停车场项目是自瓦瓷窑村戏台广场建成之后，村庄规划建设向南延伸的重要节点。它既为戏台广场的各种活动提供机动车停车场地，也为向南至永丰河绿道的活动提供停车服务。在乡建行动中，建设者同盟团结一致、群策群力。

图 296　在建造完成的瓦瓷窑村停车场调研与大家合影。（图片来源：杨贵庆教授团队）

图 297　黄岩区政府代表团专程到同济大学邀请参加柑橘节开幕式。（图片来源：杨贵庆教授团队）

**图 297 记**　2020 年 10 月 27 日，黄岩区人民政府副区长车献晨（右三）率队到访同济大学杨贵庆教授工作室，代表黄岩区政府邀请杨贵庆教授（左三）等专家参加 2020 年浙江台州黄岩柑橘旅游节开幕式。区财政局局长苏忠阳（右二），农业农村局局长牟贤杰（右四），区委统战部副部长郑毓（右五），区交通旅游投资有限公司董事长徐之浪（右一）等参加。杨贵庆教授团队成员，高级工程师宋代军博士（左二），助理规划师王艺铮（左一）等参加会谈。自 2017 年以来，杨贵庆教授团队协助黄岩区政府规划建设贡橘园项目，为黄岩的三张金名片之一“中华橘园”提供了规划智慧。

**图 298 记**　2020 年 11 月 14 日，在屿头乡沙滩村“同济大学黄岩美丽乡村规划教学实践基地”工作室，新民晚报社党委书记、社长朱国顺（中），党委委员、副总编辑杜旻（右一）等一行，和陪同考察的中共台州市委副书记芮宏（左二），黄岩区委书记陈建勋（左一），同济大学杨贵庆教授（右二）合影。考察团一行专程从上海赴黄岩参加“浙江首届中国重要农业文化遗产大会黄岩峰会暨 2020 年浙江台州黄岩柑橘旅游节”启动仪式。之前 5 月 19 日，新民晚报记者毛丽君以“乡村振兴学院 一棵开花的树——长三角一体化发展的黄岩实践”为题，通版报道了同济黄岩的乡建实践。

**图 298**　新民晚报社领导到黄岩区屿头乡沙滩村调研。（图片来源：黄岩区屿头乡人民政府办公室）

**图 299** 与南城街道党工委领导在民建村实地调研。（图片来源：黄岩区南城街道办事处）

**图 299 记** 2020 年 8 月，在南城街道民建村，同济大学杨贵庆教授（右二）同南城街道领导实地调研民建村。街道党工委书记陈虹（左三），办事处主任汪雄俊（右一），宣传委员黄伟（左一），副主任陈会岳（左二）一同参加。民建村属于城郊融合类村庄的典型，紧邻黄岩城区。城镇化的快速推进使得这一地区的社会经济结构和土地使用类型发生了较大改变。如何实现产业经济发展、社会事业发展、历史文化赓续、生态环境韧性、建筑风貌审美等相统一？首先需要建立发展的共识。南城街道党工委专班把贡橘园北入口建设和民建村村庄规划相结合，以田园综合体促进乡村振兴。

图 300 记　2021 年 1 月 21 日，在头陀镇头陀村老街区块改造施工现场，镇党委书记黄革军（右三）向同济大学杨贵庆教授（右四，手扶竹杖者）讲述老村改造的难点和对策。镇党委副书记徐志海（右五），头陀居党总支书记应永舜（右二），施工队长应荷友（左一）等一同参加。在历史文化村落保护和利用工程实施过程中，往往会碰到各种各样的问题，尤其是在地籍边界和房屋权属等方面，政策处理面临的难度大。理想的规划方案碰到具体实施，还经常会碰到村民利益冲突，村民认知水平偏差等矛盾，需要规划师在现场，综合各方信息，采用因地制宜、灵活应变的方法加以妥善解决。

图 300　认真了解和听取地方干部群众对老村改造的设想。（图片来源：杨贵庆教授团队）

图 301　群策群力、全力推进头陀镇历史文化村落保护和利用工作。（图片来源：杨贵庆教授团队）

图 301 记　2021 年 1 月 21 日，在头陀镇头陀村老街区块，同济大学杨贵庆教授（前排左六，背布袋者）和参加老街改造的干部群众合影。镇党委书记黄革军（前排左七），党委副书记徐志海（前排左五），区农业农村局副书记杨康（右六），镇宣传委员彭超（左三），头陀镇副镇长林友明（右五），头陀居党总支书记应永舜（右一），头陀居村干部朱赟洁（右三），头陀居党总支书记助理尤翊霖（右二），以及地方设计院有关人员等一同参加。头陀村老街区块的中心广场建设处于关键时期，各方力量组成了建设者同盟，从规划设计方案到施工落地建成，需要有坚韧不拔的毅力。

图 302 记　2021 年 4 月 7 日，在南城街道土屿山的护国宫门前，同济大学杨贵庆教授（前排左三）和地方干部群众合影。区民宗局局长林岩（前排右三），街道办事处主任汪雄俊（前排左二），常务副主任郑斌（前排左一），宣传委员黄伟（右一），山前村党支部原书记张文凯（前排中），山后村党支部书记张旭阳（后排右一），山前村党委委员副主任张国华（后排右二），护国宫负责人张文荣（后排左一）等参加。土屿山文化公园建设，是基于杨贵庆教授团队的调研而提出的。一方面，它在区域空间上承接黄岩城市历史文化空间轴线的总体结构，另一方面，有利于土屿山文化的整体保护。

图 302　对南城街道土屿山周边村庄深入调研挖掘特色资源。（图片来源：黄岩区南城街道办事处）

图 303　同济大学硕士研究生参加党建助推乡村振兴系列活动之送课下乡。（图片来源：同济大学建筑与城市规划学院研究生党支部）

图 303 记　2021 年 4 月 13 日，在黄岩区屿头乡小学的校园内，同济大学建筑与城市规划学院研究生第八、一、二、十三党支部举行送课下乡活动，与屿头乡小学师生合影。恰逢建党百年，以及脱贫攻坚到全面推进乡村振兴的关键节点，此次活动以“乡村振兴 + 四史教育”为抓手，开启了“学四史、迎百年：党建助推乡村振兴系列活动（第五期）”主题活动。研究生借助城乡规划专业优势，打造红色、乡土、空间认知等主题课程，向乡村小学生传递“四史知识”，增强对乡土社会的认知，培养对家乡的自豪感，在孩子们心中种下梦想的种子，长大以后以实际行动助力家乡发展。

**图 304 记** 2021 年 4 月 28 日，在通往宁溪镇半山村的山道上，同济大学杨贵庆教授（前排左一）向黄岩区委副书记梁海刚（前排中）介绍半山村改造理念。镇党委书记胡鸥（右一），半山村党支部书记郑开理（后排左一）等参加。半山村老村改造 2020 年 7 月完成了方案规划，以“半山半水泮云间”为创意主题，将“空心村”转型成为“名家村”，吸引高端专家学者来此“学术休假”潜心创作。建成后也将纳入黄岩区委组织部关爱来黄岩创业的专家人才计划，“名家工作室”为名家提供良好的创新创意平台。通过细化确权，做好半山村集体经济增收，开辟共同富裕的新路径。

**图 304** 区、镇、村三级共同推进宁溪镇半山村老村改造。（图片来源：黄岩区宁溪镇人民政府办公室）

图 305　在宁溪镇乌岩头古村指导姻缘阁的建设。（图片来源：黄岩区宁溪镇人民政府办公室）

图 305 记　2021 年 4 月 30 日，在宁溪镇乌岩头古村的山道上，同济大学杨贵庆教授（右三）正在和大家讨论关于姻缘阁的建设。镇城建办主任陈波（右二）提出了在施工过程中遇到的困难和相应的解决想法。镇有关领导、施工负责人等一同参加。乌岩头古村的姻缘阁及其周边场地建设，是古村保护和利用工程的收尾项目，这一块完成之后，整个乌岩头古村区块就将全部完工。姻缘阁建筑位置是利用了原来村民自建的一处烂尾楼。改造时，占地大小不改变，把它转变为一处今后可以经营中式婚礼的场所，并可利用屋顶平台，让村民和游客登高望远，俯瞰整个村庄景色。

图 306 记　2021 年 4 月 30 日，在宁溪镇乌岩头古村入口小广场，同济大学杨贵庆教授（左四）和镇、村干部群众合影。副镇长黄灿（右二），镇城建办主任陈波（左三），乌岩头村党总支书记郑开理（左二），台州市住房和城乡建设局四级主任科员、乌岩头村党总支副书记吴俊（右一），乌岩头村民陈景宝（左一），村民陈景田（右三）等一同参加。从 2015 年开始，同济团队进驻乌岩头古村指导历史文化村落保护和利用工作，黄岩区、宁溪镇、乌岩头村各方面团结一心，让乌岩头古村“涅槃重生”，同时给村民带来极大信心。在外经商务工的村民逐渐返乡创业，让昔日“空心村”重现生机。

图 306　在乌岩头古村现场指导工作结束时和大家合影。（图片来源：黄岩区宁溪镇人民政府办公室）

**图 307** 在头陀村老街项目办公室和大家讨论广场施工方案。（图片来源：杨贵庆教授团队）

**图 307 记** 2021 年 5 月 13 日，在头陀镇头陀村老街改造工程指挥部，同济大学杨贵庆教授（坐者左二）和各方讨论研究老街广场的施工方案。镇党委副书记徐志海（坐者左三）等参加。光明日报记者颜维琦（左一）跟随杨贵庆教授团队的行程调研采访。在乡村建设的过程中，组织各方共同参与项目推进是一种十分有效的方法，但这需要有一方担当总规划师的角色进行全程的、陪伴式的规划推进，方能使得规划图纸转变成现实。在黄岩区能够形成这样的有效机制，得益于“三级书记抓乡村振兴”，即从黄岩区委书记，到乡镇党委书记，再到村支部书记，组织保障是十分关键的一环。

图 308　土屿山文化公园项目建议受到当地群众认可，提振了村民信心。（图片来源：颜维琦拍摄）

图 308 记　2021 年 5 月 15 日，在南城街道土屿山护国宫一侧，山前村老支书张文凯（左一）牵着同济大学杨贵庆教授（左二）的手，领着去看村里的历史文化遗存。随着黄岩城区劳动南路向南延伸，南城街道土屿山片区的区位优势更加突出，城市开发建设步伐将加快。作为城郊融合类村庄，如何在融入城市发展过程中，既提升功能融合度，又不失文化标识度，是一个非常有挑战的难题。往往是满足了前者，而失去了后者，或片面强调了后者，而无法满足前者。土屿山文化公园项目，是融合山前村、山后村历史人文遗存并且融入南城整体发展的建议，受到了当地群众认可。

图 309　在头陀村老街保护和利用项目的施工现场调研讨论。（图片来源：颜维琦拍摄）

图 309 记　2021 年 5 月 14 日，在头陀镇头陀村历史文化（传统）村落保护和利用项目施工现场，同济大学杨贵庆教授（左一）和镇党委副书记徐志海（左二）讨论老街广场项目的建设要点。项目施工队队长应荷友，台州市城建规划设计研究院王斌等参加。头陀老街广场施工开始进入关键阶段。该广场将为头陀镇集市文化的品牌打造提供一处地标性的空间场所，将成为头陀镇新区和老街区块之间的重要连接点，为历史文化村落的复兴打好基础。同时，它也为当地老百姓提供一处开放的户外休闲活动场所。通过空间布局优化，头陀村老街区块将实现有机更新、传承迭代。

图 310 记　2021 年 5 月 14 日，在屿头乡沙滩村同济大学黄岩美丽乡村规划教学实践基地工作室，同济大学杨贵庆教授（左一）同前来咨询筹建黄氏宗祠的村民交流。当晚 8 点左右，沙滩村和相邻村的柔川黄氏后人代表共 3 人，到工作室向杨贵庆教授反映他们希望筹建柔川黄氏宗祠的事宜。自 2013 年美丽乡村规划建设启动，昔日脏、乱、差的环境已消失不见，如今的沙滩村环境优美，村民精神面貌也更加自足自信。特别是太尉殿门前的社戏广场自 2014 年建成之后，柔川黄氏一族的后人的圆谱祭祖活动每年都会举办。这是一种具有中国地方特色的乡土文化，一种乡土社会的精神纽带。

图 310　在沙滩村工作室接待前来咨询筹建黄氏宗祠的村民。（图片来源：颜维琦拍摄）

**图 311**　大家都十分期待瓦瓷窑村部办公楼前的梨树秋天结果。（图片来源：颜维琦拍摄）

**图 311 记**　2021 年 5 月 15 日，在高桥街道瓦瓷窑村村委办公楼门前的小广场上，同济大学杨贵庆教授（左二）向瓦瓷窑村副书记、村委主任杨射龙（左三）说起大门外两棵梨树的种植情况。区农业农村局副书记杨康（右一），街道宣传委员叶贤斌（左一），临海设计机构金龙（右二）等参加现场调研。经过多方共同努力，瓦瓷窑村戏台广场修建完成，连带村部大楼屋顶和立面改造竣工，并在村部楼大门外种植了两棵梨树。因为在这之前的一年，杨贵庆教授向村委主任曾说好要留下几个梨，后来村主任没有兑现承诺，所以当杨教授问及此事的时候，村委主任只能很尴尬地挠头皮了。

图 312 记　2021 年 5 月，在茅畲乡的抗战时期中共黄岩县委机关旧址（原茅畲小学）纪念馆门前，同济大学杨贵庆教授（左五）和一起调研的干部群众合影。区农业农村局副书记杨康（左四），农业农村局科长林再华（右一），茅畲乡下街村支部书记牟锡冲（右四），同济大学研究生王宣儒（左一）等参加。茅畲乡几名乡干部陪同调研了下街村。下街村被列入浙江省历史文化（传统）村落保护和利用重点村，亟待开展保护和利用的规划编制工作。尽管由于种种原因，下街村历史文化遗存已经遭受不同程度的损毁，但是乡、村两级干部群众仍然十分期待有朝一日下街村的历史底蕴重放光芒。

图 312　在茅畲乡调研时和干部群众合影。（图片来源：颜维琦拍摄）

图 313　在南城街道山前村调研护国宫周边历史文化资源。（图片来源：颜维琦拍摄）

图 313 记　2021 年 5 月 15 日，在南城街道土屿山的山前村，同济大学杨贵庆教授（前排左二）正在向山前老支书张文凯（右二）询问有关土屿山历史文化资源的情况。街道办事处主任汪雄俊（左一），山前村、山后村的村委会干部等参加。自从 2020 年筹划建设土屿山文化公园项目起，和土屿山相连的山前村、山后村干部群众都十分期待这一项目的正式启动。2021 年 5 月，黄岩城区的南北向主干道劳动南路向南延伸，主体工程已竣工，即将验收通车，使得这一项目更加迫切。土屿山文化公园将成为周边村庄乡村振兴的引领项目，给城郊融合类村庄的发展注入动力。

**图 314 记**　2021 年 5 月 15 日，在宁溪镇乌岩头古村村口，村民陈家阿婆愉快地双手拉住正好路经的杨贵庆教授，用黄岩话致以问候。雨过天晴，铺地的大石板还没有完全干透，石板边上卵石之间表面已显露出一些青苔。阿婆门口的溪边栏杆堆放了一排猪槽、石磨和盆景，那是她的小儿子不知道从哪里收集来的。乌岩头古村经过改造，村庄环境变美了，特别是被各级媒体宣传报道后，吸引了一批批慕名而来的游客，使得这些收集陈列的旧物也可以卖个好价钱。阿婆本人也很勤劳，经常见她把晒干的竹笋片用塑料袋包装售卖，开辟了增收的渠道。美丽乡村建设受到村民的认可，让人十分欣慰。

**图 314**　乌岩头古村陈家阿婆对同济师生团队参与老村改造十分认可。（图片来源：颜维琦拍摄）

**图 315**　宁溪镇半山村“空心村”改造项目指挥部建成使用。（图片来源：黄岩区宁溪镇人民政府办公室）

**图 315 记**　2021 年 6 月 24 日，在宁溪镇半山村项目指挥部，同济大学教授杨贵庆（左三）正在向大家讲解半山村村口桥梁样式的方案构思。镇党委书记胡鸥（右二），镇长黄湛（左一），区农业农村局副书记杨康（右一），镇城建办主任陈波（左二站立者）等参加。自 2020 年以来，宁溪镇半山村“空心村”改造项目，经过十多次实地调研、方案讨论，杨贵庆教授团队提出了“名家村”设计构思，并以“半山半水洋云间”为主题，探索黄岩西部乡村振兴、共同富裕的路径。在项目启动之际，利用原有的村民房屋改造建成了项目指挥部，以便“在地式”讨论项目实施的具体问题并商讨解决方案。

图 316 记　2021 年 7 月 15 日，在头陀镇头陀村老街区块东南入口，游客服务中心暨创意创业综合楼建成，同济大学杨贵庆教授（前排左四）和镇党政领导和村班子成员一同调研时合影。镇党委书记黄革军（前排右三），镇长杨鹏（前排左三），党委副书记徐志海（前排左二），头陀居驻村干部朱赟洁（前排右二），村委干部、施工设计单位、施工队长和前来商谈投资业务的单位等参加。游客服务中心是头陀村保护和利用工程的配套项目，是文旅产业多功能建筑。它为深度开发头陀村文化旅游产业、实现共同富裕提供了必要的空间环境支撑。

图 316　头陀镇头陀村老街区块游客服务中心基本建成。（图片来源：杨贵庆教授团队）

图 317　屿头乡东坞区块现场调研和谋划发展思路。（图片来源：杨贵庆教授团队）

**图 317 记**　2021 年 7 月 21 日，在屿头乡东坞区块，同济大学杨贵庆教授（右二）正在实地讲解东坞区块未来发展的设想。屿头乡乡长（主持工作）陈会力（左一），乡人大主席管敏华（左二），乡城建办主任郑国友（左三），台州市城乡建设设计院副书记王斌（右一）等一同参加。东坞区块是黄岩西部乡村振兴生态共富“演太线”在屿头乡的“大本营”，承载未来乡村建设的要素功能，探索村庄规划发展的新路径。是日上午，屿头乡党政班子成员参加了同济大学黄岩美丽乡村屿头乡暑期工作营开营仪式，大家身着同济大学红色 T 恤衫，组成校地合作乡村振兴建设者同盟。

**图 318 记**　2021 年 7 月 28 日，在北洋镇潮济村潮济老街的同济大学美丽乡村规划实践工作室，同济大学杨贵庆教授团队正在向镇党委书记卢明宇（前排右三）、党委副书记黄林军（前排右二），常务副镇长吴波（前排右一，）等领导汇报讲解北洋镇老街区块的规划设计方案。区农业农村局副书记杨康（后排左二），北洋镇城建办主任叶奇鑫（后排左三），镇机关干部王雨默（后排右一）等一同参加。是日，北洋镇党政班子成员参加了同济大学黄岩美丽乡村北洋镇暑期工作营开营仪式，大家身着同济大学红色 T 恤衫，展现了校地合作共创美好家园的信心和决心。

**图 318**　与北洋镇领导共同讨论老街规划建设方案。（图片来源：夏小懿拍摄）

图 319　深入开展土屿山的山前村、山后村乡村建设调研。（图片来源：颜维琦拍摄）

**图 319 记**　2021 年 7 月 31 日，在南城街道土屿山山顶，同济大学杨贵庆教授（右五）和一起参加调研的街道、村干部合影。区农业农村局副书记杨康（左五），街道党工委书记陈虹（右四），街道办事处主任汪雄俊（左四），街办常务副主任郑斌（左三），山前村老支书张文凯（右三），山后村党支部书记张旭阳（左一），山前村党委委员、副主任张国华（右一）等一同参加。土屿山文化在黄岩历史上占有一席之地，它是黄岩城市空间结构南北向发展轴线上的华彩乐章之一。深入挖掘当地历史文化底蕴，结成乡村振兴建设者同盟，对高质量发展人居环境具有重要意义。

图 320　相隔 9 年在沙滩村太尉巷巷口握手道别。（图片来源：杨洁拍摄）

图 320 记　2021 年 11 月 3 日，在屿头乡沙滩村，台州市政协副主席、中共黄岩区委书记陈建勋（右）和同济大学杨贵庆教授（左）握手道别。自 2013 年以来，沙滩村从当初环境脏乱差、村民相继“逃离”的境况，到如今的美丽乡村示范村、村民引以为豪的景象，融入了黄岩区和同济大学校地合作的辛勤耕耘和干部群众的团结一心。9 年前，陈建勋作为主管美丽乡村工作的区委副书记，到如今即将离开黄岩区委工作岗位，之间融入了一名地方干部对党和人民事业的赤胆忠诚，任劳任怨。2020 年 10 月 23 日，在浙江省“县（市、区）委书记工作交流会”上，陈建勋作为 10 名发言人之一，交流了乡村建设的黄岩探索和经验。

图 321　宁溪镇半山村入村道路和护坡整治工程正在施工。（图片来源：黄岩区宁溪镇人民政府办公室）

图 321 记　2021 年 11 月 3 日，在黄岩区宁溪镇半山村，镇党委副书记黄彩斌（前排中）正在向同济大学杨贵庆教授（左一）介绍半山村工程进展情况，镇城建办主任陈波（右一）等一同参加。宁溪镇半山村是典型的“空心村”，村落海拔高于乌岩头村，地势险要。由于交通不便，几乎常年无人居住，村民房屋基本破烂倒塌。自从 2019 年开始筹划“名家村”项目以来，经过镇、村两级艰苦的政策处理工作，目前已经进入道路、管网施工阶段。山地陡坡的安全防护十分重要，必要的车辆通行道路和面对市场化的运营服务等新要求，需要因地制宜结合老村的整体布局而综合考虑。

图 322 记　2021 年 11 月 3 日傍晚，在宁溪镇半山村项目指挥部，同济大学杨贵庆教授（左二）和新到任的镇党委书记童菁菁（左三）等讨论半山村规划建设思路。镇长黄湛（左一），副书记黄彩斌（右二）等一起参加。宁溪的半山村海拔比乌岩头古村更高，交通更为不便，人口流失后村庄成了“空心村”。这样的村庄改造发展的难度很大。杨贵庆团队提出建设“名家村”的设想，以既有的村民住宅基地为基本空间格局，通过房屋改造，植入新的功能。村民房屋作为村集体经济打包入股，建成之后，经营名家村所得，按照比例给村集体分红。这样达到共同富裕的目标。

图 322　与宁溪镇党政新班子成员讨论半山村的发展思路。（图片来源：黄岩区宁溪镇人民政府办公室）

图 323　调研确定青瓷源博物馆场地的选址。（图片来源：杨贵庆教授团队）

图 323 记　2021 年 11 月 4 日，在高桥街道瓦瓷窑村，同济大学杨贵庆教授（左三）和街道党工委书记章建荣（右二）等讨论“青瓷源博物馆”的选址。街道宣传委员叶贤斌（左一），台州市委党校派出的农村指导员胡克国（右一），瓦瓷窑村村务工作员卢险英（左二）等参加。瓦瓷窑村拥有“全国重点文物保护单位”青瓷窑遗址，是沙埠镇青瓷窑“全国重点文物保护单位”的重要组成部分。杨贵庆团队设想利用在永丰河边的几处闲置民房及其场地，改造成为一处“微型”博物馆，既作为历史记载的当代呈现，也作为瓦瓷窑村乡村振兴文旅产业发展的“文化灵魂”。

**图 324 记** 2021 年 12 月 1 日，在南城街道民建村火山文化公园施工现场，同济大学杨贵庆教授（右四）和项目建设有关各方代表合影。街道办事处副主任陈会岳（右一），宣传委员黄伟（右三），民建村支部书记郑春宝（左二），区交旅投集团项目负责人徐俊（左四），台州市城建院副书记王斌（左三），设计人员郑迎春（左一）等一同在场。该项目位于黄岩贡橘园北入口、民建村村域内，公园的建设不仅为贡橘园游客提供休闲活动场所，而且也为邻近的民建村村民提供一处家门口的公园。这需要建设各方共同努力，既要保障施工质量，又要准确把握空间环境建设的文化内涵。

**图 324** 现场指导民建村火山文化公园建设。（图片来源：杨贵庆教授团队）

**图 325**　深入现场调研，谋划宁溪镇乡村发展新篇章。（图片来源：杨贵庆教授团队）

**图 325 记**　2021 年 12 月 1 日，在宁溪镇乌岩头古村，同济大学杨贵庆教授（右三）和镇党委书记童菁菁（右四）等领导深入调研乌岩头古村，共同谋划校地合作推进乡村振兴。镇党委副书记黄彩斌（右二），副镇长黄灿（左三），城建办主任陈波（左二），宣传办陈思羽（左一），台州市住建局派出乌岩头村挂职锻炼干部庞志成（右一）等参加。从 2015 年实施乌岩头保护和利用工程以来，经过 6 个年头的接续努力，随着 2021 年年底“姻缘阁”的竣工，古村的保护和利用项目已全部完成，期间荣获了中国传统村落称号。乌岩头古村“涅槃重生”是传统村落再生和乡村振兴的时代见证！

**图 326 记**　2021 年 12 月 2 日，在屿头乡沙滩村，同济大学杨贵庆教授（中）与黄岩区先后两任区委组织部部长合影。是日，台州市检察院党委副书记、副检察长龚维灿（右一）率队到黄岩区调研。他在这一任职之前，是黄岩区区委组织部部长，全力推进区乡村振兴工作。在黄岩区每一个乡镇和街道办事处的乡村振兴工作微信群（群里以乡镇或街办的工作专班和同济师生团队成员等为主），我都会邀请他加入，一是起到乡村振兴组织保障的作用，二是便于发现优秀乡镇干部。年轻的乡镇干部在乡村振兴干事业的过程中不断成长。新到任的黄岩区委组织部部长谢伟正（左一）在场。

**图 326**　与黄岩区先后两任区委组织部部长合影。（图片来源：杨贵庆教授团队）

图 327　深入调研茅畲乡下街村历史文化资源并构思振兴方案。（图片来源：杨贵庆教授团队）

图 327 记　2021 年 12 月 2 日，在茅畲乡下街村“豫亲堂”正厅，同济大学杨贵庆教授（左三）向大家指出下街村历史环境保护所面临的巨大挑战。乡党委书记徐佩佩（右一），乡长徐志海（右二），区农业农村局科长林再华（左一），村党支部书记牟锡冲（左二）等参加。“豫亲堂”被列为区文物保护单位，历史上是一处“官厅”，作为协调民事纠纷的机构。其建筑风格特征鲜明，台门更是少有的大气。然而，由于经济发展带来村民收入提升，近二十年来拆旧房建楼房比比皆是，大量未被列入文保单位的院落不断消失，而仅存的几处文保建筑在夹缝中生存。村落整体历史环境亟待抢救。

**图 328 记**　2021 年 12 月 3 日，在头陀镇头陀村老街保护和利用工程指挥部，同济大学杨贵庆教授（右一）向地方干部和施工队讲解广场牌楼方案。区农业农村局副书记杨康（右二）等陪同一起调研。头陀桥是历史上黄岩著名的三桥之一（此外还有路桥、院桥），由于水系发达，头陀桥商贾云集，市场发达，汇集了来自临海、仙居、永嘉、乐清等地商流、客流，使得头陀老街商业店面数量众多，街巷格局体量很大。岁月变迁，公路运输替代了水路，过去的繁盛不再。如何让老街昔日的辉煌，换一种功能和方式活在当下？这是对传统村落保护和利用的最大挑战，需要集思广益，形成共识。

**图 328**　在头陀老街广场工程指挥部和大家讲解广场牌楼方案。（图片来源：杨贵庆教授团队）

图 329　头陀镇头陀村老街广场建设已初具形态。（图片来源：黄岩区头陀镇人民政府办公室）

图 329 记　2021 年 12 月 3 日，在头陀镇头陀村老街广场施工现场，同济大学杨贵庆教授（前排右五，背布袋者）在完成“路演”指导后，和地方干部群众合影。区农业农村局副书记杨康（前排左五），科长林再华（左一），镇长杨鹏（前排右四），镇党委副书记朱双竹（右三）头陀居党总支书记应永舜（前排左四），驻村干部朱赟洁（右二），头陀居党总支书记助理尤翊霖（右一），台州市城建院王斌（前排左三），以及施工队负责人等参加。经过努力，广场铺地已完工，原先的一栋老房子已经改造成为乡贤活动中心兼咖啡吧，看好此地发展的商家已投入运营。

图 330 记　2021 年 5 月 25 日，在屿头乡沙滩村同济·黄岩乡村振兴学院（北校区）枕山酒店大堂外，同济大学陈秉钊教授（左三）和其夫人舒秀珍教授级高级工程师（右三），同大家合影。区委副书记梁海刚（左二），副区长车献晨（右一），屿头乡乡长（主持工作）陈会力（左一），同济大学杨贵庆教授（右二）等参加。阔别 7 年之后，陈秉钊教授再次来到屿头乡沙滩村，对村庄发生的变化予以肯定。他在论坛上作了“谋划·振兴”的主旨报告。6月7日，《建筑时报》记者吴真平刊发“为乡村振兴探索路径，将黄岩模式推向全国——新阶段乡村振兴先锋论坛·黄岩2021 在浙江举办”的报道。

图 330　陈秉钊教授夫妇参加完乡村振兴先锋论坛后与大家合影。（图片来源：杨贵庆教授团队）

图 331　半山村“空心村”改造进入场地施工阶段。（图片来源：黄岩区宁溪镇人民政府办公室）

图 331 记　2022 年 2 月 10 日，在宁溪镇半山村老村改造施工现场，中共黄岩区委副书记王勇军（左三）正在向宁溪镇党委政府班子主要领导指示更高质量做好“空心村”活化再生项目。宁溪镇党委书记童菁菁（右三），镇长黄湛（右四），同济大学杨贵庆教授（左二），黄岩交通旅游投资集团总经理林斌（左一）等参加。“一任接着一任干”，在黄岩乡村振兴工作中体现得更加充分。虽然区、镇等各级各部门党政领导班子到期换届，但是乡村振兴的工作还是一如既往地按照“一张蓝图干到底”，充分体现了“功成不必在我、功成必定有我”的“钉钉子”精神。组织振兴是乡村振兴的重要保障。

图 332 记　2022 年 2 月 10 日，在南城街道民建村村委办公楼会议室，来自相关部门领导和设计人员讨论火山文化公园建设与跨越北侧城市道路“淡桥”选线施工方案的协调。黄岩区住建局副局长彭世华（右一），同济大学杨贵庆教授（右二），南城街道党工委书记陈虹（左三），副书记王辉（左二），台州市城乡建筑设计院王斌（左一），相关设计机构人员等参加。火山文化公园位于南城街道民建村范围内，作为黄岩贡橘园北入口的重要组成部分，也是黄岩城市总体结构南北向中轴线的重要节点之一。规划总体构思是通过设计一座跨城市道路的步行桥，重新连接被分隔的“水山”和“火山”。

图 332　火山文化公园建设工程协调会在民建村召开。（图片来源：黄岩区南城街道办事处）

图 333　茅畲乡下街村历史文化（传统）村落保护和利用座谈会举行。（图片来源：黄岩区茅畲乡人民政府办公室）

图 333 记　2022 年 2 月 17 日，在茅畲乡人民政府办公楼门前，参加茅畲乡下街村历史文化（传统）村落保护和利用工作座谈会的乡贤、乡政府领导和相关工作人员、下街村村委干部以及参加调研工作的同济大学师生合影。下街村被列入新一批浙江省级历史文化（传统）村落保护和利用重点村。同济大学杨贵庆教授团队受邀编制该村的保护和利用规划。在多次深入现场实地踏勘调研的同时，通过茅畲乡党委和政府多方邀请乡贤，以座谈会的方式征询下街村保护和利用工作的意见和建议。出席座谈会的各位乡贤对下街村保护利用工作充满期待，畅所欲言，并提出了许多很好的建议。

**图 334 记**　2022 年 3 月 3 日，在屿头乡沙滩村柔极溪堤坝上，同济大学杨贵庆教授（前排左四）和屿头乡党委书记李啸鹏（前排左三）讨论柔极溪景观提升工程。施工图设计单位台州市城乡建筑设计院院长黄伟忠（右二），副书记王斌（右一），屿头乡副乡长蔡慧杰（前排左二），上海同济城市规划设计研究院高级工程师宋代军（前排右三）、助理规划师王艺铮（前排左一）等参加。柔极溪堤坝加固和景观改造提升工程具有综合性和复杂性的特点，需要把安全牢固和风貌景观的维护相统一，采用"轻"干预、"少"干预的方式，既保障安全牢固，又显得自然野趣。

**图 334**　柔极溪堤坝加固和景观改造提升工程现场指导。（图片来源：杨贵庆教授团队）

图 335　南城街道党工委新班子领导全程考察贡橘园项目。（图片来源：冯麒羽拍摄）

**图 335 记**　2022 年 8 月 9 日，在南城街道贡橘园一期项目所在的蔡家洋村，同济大学杨贵庆教授（右一）正在向新一任南城街道党工委书记丁瑞峰（右二）讲解贡橘园的整体规划构想和下一步推进的建议。街道办事处主任李剑伟（左一）、台州城建设计研究院副书记王斌（右三）和上海同济城市规划设计研究院高级工程师宋代军（左二）等参加。贡橘园“田园综合体”的重点项目之一“橘文化科技馆”正在施工，项目完成后将对贡橘园“农旅”+“文旅”的柑橘产业链拓展和产业能级提升起到强大推进作用，将更好地带动周边邻近村庄的聚力发展，全面推进乡村振兴。

**图 336 记**　2022 年 8 月 11 日上午，在茅畲乡下街村的街巷，同济大学杨贵庆教授（左三）正在和乡党委书记徐佩佩（左四）、乡长徐志海（左一）等讨论下街村改造项目在规划图中的具体位置。黄岩区农业农村局林再华科长（左二）、上海同济城市规划设计研究院高级工程师宋代军（右一）等一同参加。下街村 2021 年被列为浙江省省级历史文化（传统）村落保护和利用重点村，2022 年 8 月由杨贵庆教授团队主持编制完成的保护利用规划通过了浙江省农业农村厅组织的评审。接下来，实施这一规划将更具挑战性，需要建立各方参与的建设者同盟，并提供强有力的组织保障。

**图 336**　深入现场调研，落实传统村落保护和利用的实施项目。（图片来源：冯麒羽拍摄）

图 337　深入谋划实施黄岩西部“彩虹西乡、文旅共富”规划，打造高质量文旅品牌。（图片来源：冯麒羽拍摄）

**图 337 记**　2022 年 8 月 11 日下午，在富山乡半山村，同济大学杨贵庆教授（右三）正在向黄岩交通旅游投资集团有限公司董事长徐之浪（左二）和富山乡党委书记陈鸣瑞（右二）讲解“彩虹西乡、文旅共富”的规划意图。同济规划院高级工程师宋代军（右一）、黄岩交旅投公司副总经理朱华（左一）等参加。2022 年以来，黄岩区委区政府提出了实施黄岩发展的六大战略，其中“生态共富、西部振兴”战略是黄岩落实好“绿水青山就是金山银山”思想的具体体现。结合黄岩西部各种资源，努力打造“一乡一品（特色农产品）、一村一节（特色节庆）”，全面实施乡村振兴。

图 338　2022 年 8 月 12 日，刚结束“黄岩屿头未来乡村推进会暨沙滩村（东坞片区）项目交流会”的与会人员，在区人大常委会主任张建新（前排右二）的带领下实地考察东坞。这也是黄岩区实施“生态共富、西部振兴”工作专班的一次现场专题会。区农业农村局党委书记、局长杨益民（左三）、屿头乡党委书记李啸鹏（左二）、同济大学杨贵庆教授（左一）、同济规划院高工宋代军（右一）等参加。开元酒店集团浙赣闽区项目发展总经理欧阳月政（左四）、杭州建德乡立方商业运营管理有限公司高管夏迪女士（前排右三）等共同讨论并提出项目未来运营的建议。

图 338　黄岩区“生态共富、西部振兴”工作专班现场考察沙滩村东坞项目。（图片来源：吴子君拍摄）

**图 06** 2018 年 8 月 4 日，中央电视台焦点访谈栏目播出《教授下乡》，乡村振兴在路上。（图片来源：CCTV《焦点访谈》节目预告）

# 第六章 实践启示

本章以同济·黄岩校地合作促进乡村振兴的实践为蓝本，归纳总结了高校参与地方乡村振兴的优势和启示。这部分内容最早发表在《西部人居环境学刊》上（收录于此有删节）。希望同济·黄岩校地合作十年乡建所提炼的思考总结，可以为其他高校和地方共建乡村振兴校地合作联盟提供参考和借鉴。通过共建，达到共赢，最终为实施乡村振兴战略、为谋求人民福祉作出贡献！

## 6.1 高校参与乡村建设的优势分析

在实施乡村振兴战略的新时代背景下，高校参与乡村建设行动具有独特的优势，具体包括以下 6 个方面。

（1）研究先导

高校科研力量具有开展科学研究精准指导乡村建设的优势。我国各地乡村发展在经济水平、社会结构、文化环境、地形地貌和气候条件等方面具有不同程度的差异，乡村与城市区位关系上也存在多种类型。具体来说，经济发达地区的村庄和经济相对落后的贫困村庄，城镇化发达地区人口集聚提升类的村庄和偏远地区人口流出的村庄，特色保护类传统村落和一般零散无序的村庄，等等，多类型乡村需要开展深入调研，区别不同类型。从村庄的历史性、文化性、社会性和生态性等方面入手，挖掘特色优势，分析主要矛盾，抓住关键问题。针对突出困难问题，制定相应的对策。只有这样，在遴选乡村建设行动项目时，才能精准施策，分类指导，避免“好心办坏事”，避免“建设性破坏”和“破坏性建设”，避免资金和资源浪费，避免照搬照抄和风貌类同。在这方面，高校相关学科和技术力量可以帮助乡村开展调研，科学认识乡村发展规律、发展阶段和发展特点，通过研究先导进行整体谋划，科学规划，因地制宜、度身定做乡村建设行动计划项目。

（2）文化视角

高校学科团队具有挖掘地方历史文化资源特色、指导乡村建设行动的优势。我国各地乡村数量众多，除了历史久远、文化遗存丰富的传统村落，还有不少虽然没有列入传统村落名单，但仍然具有其历史发展的底蕴和不同时期历史文化资源，包括物质和非物质文化遗产，它们与村落自然环境一起构成了独特的乡村风貌。在实施乡村振兴战略过程中，文化振兴是灵魂。十九届五中全会《中共中央关于制定国民经济和社会发展第十四个五年规划和二〇三五年远景目标的建议》中关于乡村建设行动特别提到保护传统村落和乡村风貌。在这方面，高校可以发挥相关学科和专业的优势，从传统文化保护和利用的视角，对乡村文化进行空间解读，挖掘、整理乡村的历史文化资源，通过创造性转化、创新性发展，指导乡村建设行动，使得乡村建设具有文化灵魂。

（3）技术应用

高校专业力量具有应用适用技术指导乡村建设的优势。所谓适用技术，就是适合当地环境条件、采用地方建筑材料、传承和改良地方建造工艺的技术。适用技术强调适合、实用和成本合理，不是昂贵的技术。我国各地乡村所处的经济发展区位不同，在经济水平相对落后地区的村庄，要实施乡村建设行动，需要采取适用技术。通过应用适用技术，一方面对生产力落后条件下的乡村建筑进行改造，提升宜居水平，另一方面可以控制建造成本。适用技术总体上包括规划适用技术和建筑适用技术。当前实施乡村建设行动的内容，例如完善基础设施、提升农房建设质量、农村改厕、生活垃圾处理和污水治理等方面，高校具有这方面成熟的技术储备，同时，根据地方实际需求，也可以创新开发出更多的适用技术，为乡村建设行动提供高校智慧。

（4）学科交叉

高校具有通过学科交叉综合决策以指导乡村建设行动的优势。通过对十九届五中全会通过的《中共中央关于制定国民经济和社会发展第十四个五年规划和二〇三五年远景目标的建议》中“乡村建设行动”内涵的认识，可以看到这一行动涉及到多学科多专业，包括城乡规划、建筑学、风景园林、环境科学、建筑结构、市政基础设施、道路桥梁、农学、艺术学、教育学及行政管理等多方面。高校内和高校之间相互合作，充分发挥多学科交叉综合决策的优势，给予乡村建设行动项目提供指导。

（5）理论提升

高校专业团队具有从实践中提升理论再指导乡村建设行动的优势。高校专业团队与一般设计咨询机构在对待实践项目上很大的一个不同点在于，前者更注重从具体实践中提升理论和方法。新时代我国实施乡村振兴战略背景下推进乡村建设行动，呼唤具有中国特色的乡村规划建设理论和实践范例。如果没有基于我国国情的乡村规划建设理论指导，那么接下来各地大量的乡村建设实践，将难以有科学的理论导向，将无法充分发挥好汇聚的能量，甚至将导致不同程度的破坏。因此，在实践的基础上，高校专业团队善于及时加以总结，形成理论、规程和好的做法，将积极有效指导乡村建设行动。

（6）持续跟进

高校学科专业团队具有持续跟进参与乡村建设行动的优势。培养人才、服务社会是高校教育的重要使命。从培养卓越人才的角度，高校大多数的学科专业建立了学校和地方（校地）、学校和企业（校企）合作的关系，每年组织学生校外实习。每年寒暑假期间，高校师生具有比较灵活的时间安排，为在地化乡村实践提供了更多机会。与物理、化学等室内实验室不同，城乡规划学科的教学实验室分布于广阔的城乡，是“在地实验场”。在以乡村规划建设为主题的教学实践基地的平台上，高校能够持续跟进对乡村规划和建设的技术服务。每年本科生毕业设计、研究生的设计课题、论文选题等，都可以紧密结合生动的乡村发展实际。在指导教师的帮助下，学生在实践中发现问题、研究问题并提供解决问题的方案，切实践行“把论文写在祖国的大地上”。

因此，高校结合自身的教学所需、发挥了科研所长，同时又持续地为地方提供技术咨询服务。这种模式是高校的优势，一般设计院等机构由于人力成本等多种原因，尚难以持续跟进。同时，高校通过持续跟进的方式，也影响、带动和指导了一批地方干部和村民，提高了农民科技文化素质，推动了乡村人才振兴。

## 6.2 高校参与乡村建设的启示

基于上述对高校参与乡村建设行动的优势分析，结合作者 10 年来在浙江黄岩乡村规划建设的实践经验，对更好地开展校地合作实施乡村建设行动提出 6 点启示：

（1）明确目标

新时代实施乡村振兴战略背景下推进乡村建设行动，需要明确本轮（“十四五”期间）工作指南和目标。十九届五中全会《中共中央关于制定国民经济和社会发展第十四个五年规划和二〇三五年远景目标的建议》中确定 5 个方面的工作内涵，其核心是以民生为本，强调夯实农村人居环境的“家底”，为今后乡村更好地发展和全面振兴打下基础。对此，习近平总书记在中央农村工作会议上谈及顶层设计“要实施乡村建设行动”时，又特别提出了3点：①继续把公共基础设施建设的重点放在农村，在推进城乡基本公共服务均等化上持续发力，注重加强普惠性、兜底性、基础性民生建设；②要接续推进农村人居环境整治提升行动，重点抓好改厕和污水、垃圾处理；③要合理确定村庄布局分类，注重保护传统村落和乡村特色风貌，加强分类指导。因此，高校参与乡村建设行动，应聚焦工作指南，把握好用力方向，形成合力，避免分散行动。

（2）基地建设

高校参与乡村建设行动，应注重教学实践基地建设。基地建设如同“生根”，建设好基地有助于对乡村案例长期跟踪，对采用的方案持续跟进，为长期开展好教学、科研和实践活动提供平台。校地之间可以签订乡村振兴战略合作框架，通过改造废弃的乡村集体设施和场地，建立“在地化”工作室，配备必要的工作和住宿条件。只有持续地开展相关活动，才能够形成长效，为地方乡镇给予急需的建设技术咨询。同时，学校应投入适当的资源进行管理和维护，为乡村建设行动提供切实有效的助力。应避免做形式上的挂牌，避免在“敲锣打鼓”开张挂牌之后就悄无声息。同时，也要避免蜻蜓点水，或两天打鱼、三天晒网。只有通过基地建设和持续跟进，久久为功，方能获得乡村建设行动的成效。

（3）邻近原则

高校参与乡村建设行动，应注重与邻近区域的地方政府和乡村建立定向合作关系。一方面是出于高校师生（特别是教师）经常往返节约时间成本的考虑，另一方面也考虑到财务成本。乡村建设行动不是一蹴而就的事情，而是需要长期持续跟进。因此，如果长距离的奔波，大量时间花在路上，那么从时间成本上来说非常大，教师个人难以为继；而如果为了减少因长距离往返所花的时间成本，改乘飞机，那么师生团队长期定期往返则会需要较大的财务成本。因此，笔者呼吁，地方政府与高校结对子开展乡村建设行动，尽量从邻近的省会城市或地级市高校中找到相应的资源。一般来说，每个省会城市都有城乡规划学科或相近、相关专业的高校；高校为了参与乡村建设行动，也尽量从邻近的区域找到积极性高的地方乡镇村庄。至于“邻近”是多少近，这就要看当事者的价值判断。

（4）培训跟进

高校参与乡村建设行动，应注重开展知识技能培训，使当地乡村振兴人才成长起来。从更长远角度来看，乡村振兴还是要靠当地人才。高校专业团队的引领带动，其最终目的还是要带领当地乡镇干部、技术人员和农民提高科技文化素质，从而掌握致富本领和建设家园的知识能力。培训的方式是多样的，既可以是课堂集中讲授的方式，也可以是融入具体项目中。例如，笔者在黄岩当地实施乡村有机更新实践中，把乡镇干部、地方设计院人员和施工队骨干集中起来，采用“路演”方式把设计理念和具体做法进行讲解和示范。长期坚持下来，一些乡镇干部了解并掌握了村庄有机更新的理念和方法，地方设计院人员业务水平不断提升，施工队也开始熟悉了相应的做法。这些理念和方法也很快被传播开去，在其他乡镇村庄也起到了较好的效果。

（5）组织保障

高校参与乡村建设行动，需要校地双方给予组织保障。组织保障包括机构、人员和财力等多方面的政策支撑，其中特别要加强党建引领。一方面，从地方上来说，“三级书记抓乡村振兴”需要落实到实处。从县市区的党委书记，到乡镇党委书记，再到村支部书记，层层带头抓牢乡村建设行动，一抓到底。另一方面，高校党组织应给予积极支持，鼓励师生通过专业知识服务国家战略。同济大学党委和黄岩区委 2018 年 2 月联手成立了全国首家乡村振兴学院“同济・黄岩乡村振兴学院”，同时，共建乡村振兴党建教育培训基地，激发了师生奋发有为的干劲。党建固基促进了高校和地方乡村振兴实践的接续努力，将为完成国家乡村振兴 2035 年、2050 年奋斗目标提供坚实保障。

（6）行业指导

高校参与乡村建设行动，需要专业化的指导和督导才能行稳致远。可以预见，随着《中共中央关于制定国民经济和社会发展第十四个五年规划和二〇三五年远景目标的建议》的发布，全国各地将掀起一轮参与乡村建设行动的热潮，各行各业都会大显身手。但是，如果不积极应对，也可能出现一哄而上、运动式的偏颇倾向。为了避免分散零碎、过于个性化和艺术化的行为，避免因资本的喜好或小众化审美的固执而强加于乡村环境建设，避免导致乡村风貌的不伦不类和传统特色的破坏，开展专业化的指导非常必要。高校就此可以发挥乡村振兴高校联盟的作用。国家行业主管部门、专业学术机构和各省市等应当就此开展经验交流，树立行业标杆和示范。在这方面，农业农村部和浙江省共建乡村振兴示范省提出的“先行先试浙江经验”发布“乡村振兴十大模式”就给出了很好的指向。

图 07　2019 年，同济大学黄岩乡村振兴暑期工作营研究生在规划教学实践基地的摄影作品。（图片来源：肖颖禾、杨怡等）

# 附录

附表 1

校地合作期间获得相关荣誉一览表（按类型、时间序）

| 序号 | 年份（年） | 奖项名称 | 获奖等级 | 获奖作品 | 所属单位 | 获奖人员 | 授奖单位 |
|---|---|---|---|---|---|---|---|
| 1 | 2017 | 上海市优秀城乡规划设计奖（村镇规划类） | 三等奖 | 黄岩区长潭湖地区村庄建设风貌设计技术导则 | 上海同济城市规划设计研究院 | 杨贵庆，宋代军，王祯，黄璜，开欣，宣文，章丽娜，甘新越，舒凌雁，万伟成，翟羽佳，周咪咪，蔡言，蔡一凡，张梦怡 | 上海市城市规划行业协会 |
| 2 | 2018 | 浙江省“优秀园林工程”奖 | 金奖 | 台州市黄岩区宁溪镇直街省级历史文化村落保护利用项目工程 | 参建单位：上海同济城市规划设计研究院 | 杨贵庆（项目负责人） | 浙江省风景园林学会 |
| 3 | 2019 | 上海市优秀城乡规划设计奖（村镇规划类） | 一等奖 | 浙江黄岩宁溪镇乌岩头村村庄规划设计 | 上海同济城市规划设计研究院 | 杨贵庆，宋代军，王祯，章丽娜，蔡一凡，蔡言，张梦怡，王艺铮，关中美，肖颖禾，杨怡，文君，开欣，宣文，黄璜 | 上海市城市规划行业协会 |
| 4 | 2015 | 中国人居环境设计学年奖（高等学校本科组城市设计类） | 入围奖 | 流动的艺术——浙江宁溪镇乌岩头村规划设计 | 同济大学 | 获奖者：蔡一凡<br>指导教师：杨贵庆 | 中国人居环境设计学年奖组委会 |
| 5 | 2019 | “同行万里路、勇做追梦人”同济大学暑期社会实践 | 校级优秀项目 | 浙江省黄岩区乡村振兴实践调研 | 同济大学建筑与城市规划学院 | 杨贵庆教授团队 | 中国共产主义青年团同济大学委员会 |

续表

| 序号 | 年份（年） | 奖项名称 | 获奖等级 | 获奖作品 | 所属单位 | 获奖人员 | 授奖单位 |
| --- | --- | --- | --- | --- | --- | --- | --- |
| 6 | 2020 | 教学成果奖 | 二等奖 | 响应国家战略的同济·黄岩乡村振兴教学基地建设 | 同济大学建筑与城市规划学院 | 杨贵庆，耿慧志，卓健，陈晨，庞磊，宋代军 | 同济大学 |
| 7 | 2017 | 2017金经昌中国城市规划优秀论文奖 | 三等奖 | 传统村落总体布局的自然智慧和社会语义 | 同济大学 | 杨贵庆，蔡一凡 | 中国城市规划学会 金经昌城市规划教育基金 |
| 8 | 2019 | 2019金经昌中国城市规划优秀论文奖 | 提名奖 | 基于生产力生产关系理论的乡村空间布局优化 | 同济大学 | 杨贵庆，关中美 | 中国城市规划学会 金经昌/董鉴泓城市规划教育基金 等 |
| 9 | 2019 | 2019金经昌中国城市规划优秀论文奖 | 提名奖 | 文化定桩：乡村聚落核心公共空间营造——浙江黄岩屿头乡沙滩村实践探索 | 同济大学 | 杨贵庆，肖颖禾 | 中国城市规划学会 金经昌/董鉴泓城市规划教育基金 等 |
| 10 | 2016 | 上海市教卫工作党委系统优秀共产党员 | 荣誉称号 | — | 同济大学 | 杨贵庆 | 中共上海市教育卫生工作委员会 |
| 11 | 2018 | 台州市荣誉市民 | 荣誉称号 | — | — | 杨贵庆 | 台州市第五届人民代表大会常务委员会第十三次会议 |
| 12 | 2018 | 感动同济十大人物 | 荣誉称号 | — | — | 杨贵庆 | 同济大学 |

续表

| 序号 | 年份（年） | 奖项名称 | 获奖等级 | 获奖作品 | 所属单位 | 获奖人员 | 授奖单位 |
|---|---|---|---|---|---|---|---|
| 13 | 2019 | 2014–2018 年度上海市“教育先锋号” | 荣誉称号 | 同济大学杨贵庆美丽乡村实践教学团队 | 同济大学 | 杨贵庆教授团队 | 中国教育工会上海市委员会 |
| 14 | 2019 | 最可爱教师 | 荣誉称号 | — | — | 杨贵庆 | 同济大学建筑与城市规划学院 |
| 15 | 2019 | 上海市最美科技工作者 | 荣誉称号 | — | 同济大学 | 杨贵庆 | 中共上海市委宣传部 中共上海市科学技术工作委员会 等 |
| 16 | 2020 | 追求卓越教师奖 | 荣誉称号 | — | 同济大学建筑与城市规划学院 | 杨贵庆 | 同济大学 |
| 17 | 2021 | 上海市“工人先锋号” | 荣誉称号 | 同济大学建筑与城市规划学院杨贵庆教授乡村振兴团队 | 同济大学 | 杨贵庆教授团队 | 上海市总工会 上海市人力资源和社会保障局 |
| 18 | 2021 | 中国城市规划学会最美科技工作者 | 荣誉称号 | — | 同济大学 | 杨贵庆 | 中国城市规划学会 |

（资料来源：作者整理）

**附图 1** 杨贵庆荣获“2018 年‘感动同济’人物”。（图片来源：杨贵庆教授团队）

**附图 1 记** 2018 年 12 月 28 日晚，在同济大学四平路校区大礼堂，2018“感动同济”人物颁奖典礼隆重举行。同济大学杨贵庆教授，作为 10 位“感动同济”人物当选者之一上台领奖（左一）。颁奖典礼的颁奖词这样描述：“新乡土，新时代，双脚踏遍，一卷随身，素纸渲染，工笔勾画，瘦影依稀，霜鬓染尘，黄岩的山山水水记得，如画的村村户户记得……”

同济大学新闻报道中这样描述：肩背布袋、裤脚沾泥，6 年多来，同济大学建筑与城市规划学院杨贵庆教授就这样踏遍了黄岩的各个村落，规划美丽乡村，助推乡村振兴，真正实现了“把论文写在祖国大地上”。2018 年年初携手黄岩成立全国首家乡村振兴学院以来，已培训1285人次，包括500余名黄岩本地乡镇、村干部。说起乡村规划，他字字句句饱含着对乡村的深情，他说："美丽乡村是美丽中国建设不可或缺的重要组成部分，我们城乡规划学在乡村振兴战略中将大有作为。"（2018年12月28日，同济新闻）。颁奖典礼上，同济大学服务地方的政府代表、浙江省台州市黄岩区委副书记徐华，为杨贵庆教授颁奖。

**附图2** 杨贵庆荣获"2020年同济大学追求卓越教师奖"。（图片来源：江平拍摄）

**附图2记** 2020年9月8日，同济大学2020年教师节庆祝大会在同济大学四平路校区一·二九礼堂举行。中共同济大学党委书记方守恩教授（右一）、校长陈杰教授（左一）为荣获"同济大学追求卓越教师奖、服务奖"的获奖者颁奖。同济大学建筑与城市规划学院规划系系主任杨贵庆教授（左三）等获得卓越教师奖。同济大学新闻网报道：杨贵庆教授获此奖"这是对他7年来扎根乡村搞规划、培养人才成绩的嘉奖。"

附图3　杨贵庆及团队荣获各类奖项图片。（图片来源：杨贵庆教授团队）

附表 2

同济·黄岩校地合作期间指导研究生完成学位论文一览表（按时间序）

| 序号 | 年份 | 学位等级 | 学位论文题目 | 完成人 | 指导教师 |
|---|---|---|---|---|---|
| 1 | 2015 | 硕士 | 村落主体街巷空间功能更新的规划研究——以中德两个村落为例 | 王祯 | 杨贵庆 |
| 2 | 2015 | 硕士 | “美丽乡村”建设的整体规划策略研究——以白湖塘村和 Tiefengruben 村为例 | 孙小淳 | 杨贵庆 |
| 3 | 2015 | 硕士 | 乡村废弃公共建筑及场地再利用的规划研究——以浙江黄岩屿头乡为例 | 但梦薇 | 杨贵庆 |
| 4 | 2016 | 硕士 | 山地乡村公共服务设施精准化配置规划研究——以浙江省台州市屿头乡为例 | 万成伟 | 杨贵庆 |
| 5 | 2018 | 硕士 | 乡村产业转型与乡村社区联动发展研究——以浙江黄岩北洋镇为例 | 蔡言 | 杨贵庆 |
| 6 | 2018 | 硕士 | 传统村落户外空间结构及其家族社会关系的对应研究——以浙江黄岩宁溪镇乌岩古村为例 | 蔡一凡 | 杨贵庆，宋代军（校外导师） |
| 7 | 2019 | 硕士 | 要素流动视角下田园综合体规划实施路径研究——以浙江黄岩贡橘园为例 | 王艺铮 | 杨贵庆，宋代军（校外导师） |
| 8 | 2019 | 硕士 | 传统村落水系空间再生规划路径研究——以科马基奥村和潮济村为例 | 赵春雨 | 杨贵庆，Maurizio Meriggi（副指导教师） |
| 9 | 2020 | 硕士 | 既有村庄融入镇区的功能适应性及空间布局优化研究——以浙江省黄岩区宁溪镇直街村为例 | 杨怡 | 杨贵庆，宋代军（校外导师） |
| 10 | 2020 | 硕士 | 乡村聚落核心公共空间的功能及布局优化研究——以浙江黄岩沙滩村为例 | 肖颖禾 | 杨贵庆，宋代军（校外导师） |
| 11 | 2020 | 硕士 | 分散村落“连点成线”的空间布局优化研究——以浙江黄岩演太线为例 | 文君 | 杨贵庆，宋代军（校外导师） |
| 12 | 2021 | 博士 | 网络化视角下乡村聚落空间结构研究——以浙江台州黄岩区为例 | 关中美 | 杨贵庆 |
| 13 | 2022 | 硕士 | 城郊融合类村庄空间布局的适应性改造研究——以浙江黄岩南城为例 | 汪滢 | 杨贵庆 |
| 14 | 2022 | 硕士 | 集聚提升类村庄要素整合与空间优化研究——以浙江省黄岩区瓦瓷窑村为例 | 王宣儒 | 杨贵庆，宋代军（校外导师） |
| 15 | 2022 | 硕士 | 特色保护类村庄创客空间的场所营造研究——以浙江黄岩沙滩村为例 | 南晶娜 | 杨贵庆，宋代军（校外导师） |

（资料来源：作者整理）

附表 3

同济·黄岩校地合作期间完成相关学术论文、出版专著一览表（按类型、时间倒序）

| 序号 | 时间 | 论文题目 / 书名 | 作者 | 期刊名称 / 出版社 |
|---|---|---|---|---|
| 1 | 2021.12 | 耕读致远——台州沙滩村发展研究 | 王荔，杨贵庆，陶小马 著 | 浙江大学出版社 |
| 2 | 2021.11 | 四季城乡——一名规划师的时空坐标 | 杨贵庆 著 | 同济大学出版社 |
| 3 | 2020.9 | 乡村人居——黄岩村庄风貌导则探索 | 杨贵庆 等著 | 同济大学出版社 |
| 4 | 2016.5 | 乌岩古村——黄岩历史文化村落再生 | 杨贵庆 等著 | 同济大学出版社 |
| 5 | 2015.12 | 黄岩实践——美丽乡村规划建设探索 | 杨贵庆 等著 | 同济大学出版社 |
| 6 | 2022.6 | 村庄规划“点穴启动”的方法探究——以浙江黄岩屿头乡沙滩村为例 | 杨贵庆 | 《小城镇建设》 |
| 7 | 2022.2.11 | 打好乡土文化特色牌 | 杨贵庆 | 《浙江日报》 |
| 8 | 2022.1.28 | 激活古村落，南宋文化是张“好牌” | 杨贵庆 | 《浙江日报》 |
| 9 | 2021.12.10 | 点准“文化穴”，“千村千面”更动人 | 杨贵庆 | 《浙江日报》 |
| 10 | 2021.12 | 传统村落水塘空间的文化价值辨识——以浙江省为例 | 杨贵庆，夏小懿 | 《上海城市规划》 |
| 11 | 2021.11.10 | 乡村建设，多点“陪伴式规划” | 杨贵庆 | 《浙江日报》 |
| 12 | 2021.3 | 地方产业驱动乡村发展的机制解析及规划策略——以浙江省三个典型乡村地区为例 | 陈晨，杨贵庆（通讯作者），徐浩文，王昱菲 | 《规划师》 |
| 13 | 2021.3 | 韧性语境下应对突发公共事件的村庄规划 | 杨贵庆 | 《科技导报》 |
| 14 | 2021.2 | 乡村振兴战略背景下高校参与乡村建设行动的优势与启示——以浙江省黄岩区乡村振兴实践为例 | 杨贵庆 | 《西部人居环境学刊》 |
| 15 | 2020.12 | Rural Complex: An Attempt to Develop a New Model of Rural Planning on the Urban-Rural Interface—Case Study of Orange Garden in Huangyan | Yizheng Wang, Guiqing Yang | *Interfaces*（URA PERIODICAL-ISSUE 1 |

续表

| 序号 | 时间 | 论文题目 / 书名 | 作者 | 期刊名称 / 出版社 |
|---|---|---|---|---|
| 16 | 2020.12 | 式微的山地乡村——公共服务设施需求意愿特征、问题、趋势与规划响应 | 万成伟，杨贵庆（通讯作者） | 《城市规划》 |
| 17 | 2020.6 | 有村之用：传统村落空间布局图底关系的哲学思考 | 杨贵庆 | 同济大学学报（社会科学版） |
| 18 | 2020.2 | 浙江黄岩乌岩古村传统村落空间结构与家族社会关联研究 | 杨贵庆，蔡一凡 | 《规划师》 |
| 19 | 2020.1 | 乡村人居文化的空间解读及其振兴 | 杨贵庆 | 《西部人居环境学刊》 |
| 20 | 2019.12 | 云南撒玛坝梯田村寨空间特征及其社会语义研究 | 郝晶；任洁；杨贵庆（通讯作者） | 《上海城市规划》 |
| 21 | 2019.9 | 我国乡村空间研究进展与热点的可视化分析 | 关中美，杨贵庆（通讯作者），王祯，肖颖禾 | 《现代城市研究》 |
| 22 | 2019.6 | 城乡共构视角下的乡村振兴多元路径探索 | 杨贵庆 | 《规划师》 |
| 23 | 2019.5.13 | 杨贵庆：对传统村落要做“无”的设计 | 杨贵庆 | 《建筑时报》 |
| 24 | 2019.4 | 乡村振兴视角下村庄规划工作的若干思考——《关于统筹推进村庄规划工作的意见》再读 | 杨贵庆 | 《小城镇建设》 |
| 25 | 2019.1.28 | 传统村落的“双创”与振兴 | 杨贵庆 | 《建筑时报》 |
| 26 | 2019.1 | 新乡土建造——一个浙江黄岩传统村落的空间蝶变 | 杨贵庆 | 《时代建筑》 |
| 27 | 2019.1 | 新时代村庄规划的使命和特点——《关于统筹推进村庄规划工作的意见》解读 | 杨贵庆 | 《小城镇建设》 |
| 28 | 2018.12 | 文化定桩：乡村聚落核心公共空间营造——浙江黄岩屿头乡沙滩村实践探索 | 杨贵庆，肖颖禾 | 《上海城市规划》 |
| 29 | 2018.10 | 探索传统村落活态再生之道——浙江黄岩乌岩头古村实践为例 | 杨贵庆，开欣，宋代军，王祯 | 《南方建筑》 |
| 30 | 2018.2 | 基于生产力生产关系理论的乡村空间布局优化 | 杨贵庆，关中美 | 《西部人居环境学刊》 |

续表

| 序号 | 时间 | 论文题目 / 书名 | 作者 | 期刊名称 / 出版社 |
|---|---|---|---|---|
| 31 | 2018.2 | 传统村落风貌特征的物质要素及构成方式解析——以浙江省黄岩区屿头乡沙滩村为例 | 杨贵庆，王祯 | 《城乡规划》 |
| 32 | 2017.12 | 社会融合导向下特色小镇与既有村庄空间整合的规划探索——以浙江省黄岩智能模具小镇为例 | 杨贵庆，宋代军，王祯，黄璜 | 《城乡规划》 |
| 33 | 2017.10 | “后乡村城镇化”与乡村振兴——当代德国乡村规划探索对中国的启示 | 黄璜，杨贵庆（通讯作者），Philipp, Hannes | 《城市规划》 |
| 34 | 2017.10 | 城乡规划学科为“实施乡村振兴战略”保驾护航 | 杨贵庆 | 《今日科苑》 |
| 35 | 2017.2 | 培育乡村内生发展动力的实践经验启示——以德国巴登阿赫村为例 | 王祯，杨贵庆（通讯作者） | 《上海城市规划》 |
| 36 | 2016.8 | 传统村落总体布局的自然智慧和社会语义 | 杨贵庆，蔡一凡 | 《上海城市规划》 |
| 37 | 2016.6 | Reinventing The Chinese Countryside—What American planners can learn from old Wuyan Village？ | YANG Guiqing, Richard LeGates, KAI Xin | *PLANNING*（The Magazine of The American Planning Association) |
| 38 | 2016.5 | 社会变迁视角下历史文化村落再生的若干思考 | 杨贵庆，戴庭曦，王祯，黄璜 | 《城市规划学刊》 |
| 39 | 2014.8 | 我国传统聚落空间整体性特征及其社会学意义 | 杨贵庆 | 《同济大学学报（社会科学版）》 |
| 40 | 2014.1 | 新型城镇化面临的城乡社会危机及其规划策略 | 杨贵庆 | 《湖南城市学院学报》 |
| 41 | 2013.3.4 | 适合环境 适用技术 适宜人居 | 杨贵庆 | 《建筑时报》 |

（资料来源：作者整理）

## 主要参考文献


[1] 中共中央 . 中共中央关于制定国民经济和社会发展第十四个五年规划和二〇三五年远景目标的建议 [EB/OL].[2020-11-03].http://www.gov.cn/zhengce/2020-11/03/content _5556991.htm.

[2] 中共中央，国务院 . 中共中央 国务院关于全面推进乡村振兴加快农业农村现代化的意见 [EB/OL].(2021-01-04)[2021-02-21].http://www.moa.gov.cn/ztzl/jj2021zyyhwj/ zxgz_26476/202102/t20210221_6361865.htm.

[3] 杨贵庆 . 乡村振兴战略背景下高校参与乡村建设行动的优势与启示——以浙江省黄岩区乡村振兴实践为例 [J]. 西部人居环境学刊，2021，（1）：10-18.

[4] 吴亮，王先知，里雨曦 . 黄岩报告：乡村振兴工作法 [J]. 国家财经周刊，2018（7）：22-33.

[5] WANG Y Z, YANG G Q. Rural Complex: An Attempt to Develop a New Model of Rural Planning on the Urban-Rural Interface—case study of Orange Garden in Huangyan[J]. Interfaces, 2020(1):68-75.

[6] YANG G Q, LEGATES R, KAI X. Reinventing the Chinese Countryside[J]. PLANNING, 2017(6):32-39.

[7] 王荔，杨贵庆，陶小马 . 耕读致远 [M]. 杭州：浙江大学出版社，2021.

[8] 杨贵庆 . 四季城乡 [M]. 上海：同济大学出版社，2021.

[9] 杨贵庆等 . 乡村人居——黄岩村庄风貌导则探索 [M]. 上海：同济大学出版社，2020.

[10] 国际欧亚科学院中国科学中心等 . 中国城市状况报告——全球行动与中国实践：共创人类美好未来 2018/2019 [M]. 北京：中国建筑工业出版社，2019.

[11] Chinese Science Center of International Eurasian Academy of Sciences etc.THE STATE OF CHINA'S CITES Global Action & China Practice: Together for a Better Future 2018/2019 [M].Beijing：China Architecture & Building Press，2019.

[12] 杨贵庆等 . 乌岩古村——黄岩历史文化村落再生 [M]. 上海：同济大学出版社，2016.

[13] 杨贵庆等 . 黄岩实践——美丽乡村规划建设探索 [M]. 上海：同济大学出版社，2015.

## 后记

本书是基于同济·黄岩乡村规划建设的十年经历而作的记录。时间进入2022年春，上海严峻的新冠肺炎疫情防控形势限制了同济师生团队前往浙江黄岩乡村实践的行程。但事情总有两面性，平时难以抽出整段时间来系统整理图片资料，而在疫情封控期间倒是成为了可能。于是，从4月到7月，将近4个月的时间，我把这十年积累下来的有关黄岩乡建的照片资料，在电脑硬盘里面“翻箱倒柜”地梳理了出来，并加以注记。

撰著的工作过程如下：第一步，从上万张照片中挑出2000张备选；第二步，向历年毕业的、曾参与黄岩乡村规划教学实践的研究生征集照片，并向黄岩地方政府有关部门和乡镇征集，还有的照片是从媒体记者那里征集而来，按照“产业、人才、文化、生态、组织”五大振兴结构板块，从中精选400张照片；第三步，根据章节的结构排序，着手撰写每一张图片的文字说明，每张图片的文字不超过300字篇幅。疫情封控期间的日子在“测抗原、做核酸、写图记”中度过，日复一日，到最后一页图记完成，写就了近11万字。借用“连环画”的构想，以图为主，文字辅之，取名为“图记”。

贯穿本书的价值理念，是要体现“见物又见人”。除了要呈现黄岩乡村改造前后的物质空间环境的直观对比，还要反映出参与其中的具体的人。十年的黄岩乡建，书中的图片和记录反映的是一个“群英谱”：不仅有各级政府和高校领导、专家教授，而且更多的是基层一线的普通干部群众，体现“每个人都是英雄”，体现“功成不必在我、功成必定有我”的价值理念。每位参与建设者的努力都值得称颂，此所谓积跬步以至千里，积小流而成江海，乡村振兴的伟大事业需要千万人的共同努力！

此本小书另外的一个作用是，让新来的黄岩地方干部了解之前发生的乡建过程。每过一段时间，区、乡镇领导干部就会换届，新到任的领导干部对之前发生的乡建过程不一定十分清晰，有的甚至是区外的同志到任黄岩就更不了解。为了帮助新任的干部迅速地、较为全面地了解同济·黄岩校地合作的历程，帮助他们更为准确地做出新的发展决策，这本小书或许将发挥一些作用。

在本书即将付梓之际，我怀着感恩的心，衷心感谢给予过关心和帮助的各方人士！

首先要感谢同济大学领导、兄弟院校教授和我所在的建筑与城市规划学院领导和城市规划系同事们的关心与支持！特别感谢同济大学党委书记方守恩教授亲自为本书作序。方书记曾亲赴台州黄岩为“同济·黄岩乡村振兴学院”成立揭牌，并再次赴黄岩视察同济·黄岩乡村振兴校地合作，亲切看望同济师生团队。感谢同济大学原党委书记周祖翼教授、原党委书记杨贤金教授，他们曾分别为《黄岩实践——美丽乡村规划建设探索》《乌岩古村——黄岩历史文化村落再生》作序。感谢同济大学原副校长江波教授，原党委副书记徐建平教授，党委副书记彭震伟教授，党委宣传部原部长朱大章教授，同济大学新农村发展研究院常务副院长张亚雷教授，校党办原主任陆居怡老师，共青团同济大学委员会原书记陈城老师等，他们都曾亲临黄岩乡村，从学校层面给予了莫大支持！感谢同济大学传媒艺术学院王荔教授，同济大学现代化研究院吴亮教授等，他们提供了黄岩实践以卓越的合作，分享了专业智慧。感谢《同济报》程国政老师对同济·黄岩校地合作乡村振兴所做的采编报道！

诚挚感谢我的博士生导师、同济大学建筑与城市规划学院原院长陈秉钊教授为本书作序。回想2012年年底，陈先生推荐我到黄岩开展屿头乡沙滩村美丽乡村工作，他亲临当地讲学和指导，并于2014年在黄岩区召开的台州市美丽乡村现场会亲自讲解，令人敬佩！陈先生对后学的教诲勉励，激励了弟子们更加努力耕耘和探索！

要感谢中国城市规划学会领导的关心和鼓励！2016年11月，中国城市规划学会常务副理事长兼秘书长石楠教授等率队到黄岩区屿头乡沙滩村考察，对同济大学师生团队参与地方乡建给予了肯定和鼓励。

2021 年，由本人所在的学会山地城乡规划学术委员会的推荐下，学会授予我“中国城市规划学会最美科技工作者”殊荣。如今，石楠先生又亲自为本书作序，这不仅是对本人的支持和勉励，而且也是为更多青年规划师奔赴祖国乡村规划建设的第一线给予了指引！

衷心感谢浙江省、台州市、黄岩区及有关乡镇干部群众的关心和支持！感谢中共浙江省委省政府农业和农村工作办公室（现省农业农村厅），中共台州市委、市政府，中共台州市委市政府农村工作办公室（现市农业农村局），中共台州市黄岩区委、区政府，黄岩区委区政府农村工作办公室（现区农业农村局），黄岩区住房与城乡建设局，黄岩区自然资源和规划分局，区文广旅体局，黄岩区屿头乡、宁溪镇、南城街道、高桥街道、北洋街道、头陀镇、富山乡、茅畲乡等有关乡镇党委政府！感谢浙江工业大学陈前虎教授团队，中国美术学院专业基础部，台州市城建设计研究院有限公司等有关人员在不同阶段给予的支持和帮助！

感谢我的工作团队各位老师和学生的支持和坚守！特别是上海同济城市规划设计有限公司高级工程师宋代军博士、王艺铮助理规划师，还有曾经参与教授工作室工作的王祯、黄璜规划师。十年来，有若干次同济大学城市规划系本科生毕业设计教学活动是结合黄岩乡村课题开展的，我所在的城市规划系庞磊博士、杨帆副教授等曾参与了教学指导，建筑系温静博士协助央视“教授下乡”专题，在此致以诚挚感谢！同时，感谢十年来参与黄岩乡村建设实践的各阶段、各年级博士研究生、硕士研究生、本科生和实习生！是大家的共同参与和努力，为黄岩乡建的成果做出了多彩贡献！

衷心感谢上海同济城市规划设计研究院有限公司，曾为出版校地合作的教学实践成果给予了支持！

感谢同济大学校外多方新闻媒体对同济·黄岩校地合作乡村建设的热忱报道！感谢中央电视台《新闻调查》栏目杜晓静女士，以她特别的视角和卓越的专业精神，深度报道了“教授下乡”，在全国引起了热烈反响。感谢新华社、中新网、《浙江日报》《解放日报》《新民晚报》《建筑时报》、台州新闻、《今日黄岩》等一批媒体记者的辛勤工作，让同济·黄岩校地合作的乡村规划建设实践广为传播，积极推进了实施乡村振兴战略！

还要感谢为本书提供照片的多方人士！一些照片的来源标注了拍摄者所在的单位，还有一些照片是拍摄者个人提供的。《光明日报》颜维琦女士跟随采访时拍摄了一些平时难以捕捉的瞬间；《建筑时报》吴真平记者,《新民晚报》杨洁记者,在采访过程中协助拍摄了相关照片；戴庭曦、吴俊、黄伟、陈波、朱晓龙、尤翊霖、林佳云等，协助提供相关照片或为部分照片的人物信息提供了帮助，在此一并致谢！

感谢同济大学出版社的领导和相关工作人员的关心支持！

需要说明的是，本书中的图记表述的人物身份（职务、称呼等），是针对照片在拍摄当时的身份状态。而时至今日，不少人物的身份、职业岗位等都已发生改变，对于之后变化了的身份，因情况复杂而难以一一校核，因此就不再一一标注和说明了。另外，黄岩乡建十年，参与的各方人士众多，由于图片资料所限和记录疏漏、记忆不足，难以列出所有参加过工作的人员，在致谢中也恐怕有所疏漏，在此表示深深歉意！

这本小书呈现的图记，记录了这十年来平凡但富有意义的历程。它既是过去十年耕耘的一个小结，又是一个新的起点，激励我们迈向建设具有中国特色乡村现代化的新征程！

感恩这个伟大的时代！

杨贵庆

同济大学建筑与城市规划学院，教授、博士生导师

教育部高等学校城乡规划专业教学指导分委员会委员

中国城市规划学会“山地城乡规划学术委员会”副主任委员

2022年8月31日